U1009000

班级，推开教育的一扇窗

李玉玺　王海荣◎著

安徽师范大学出版社
ANHUI NORMAL UNIVERSITY PRESS
·芜湖·

责任编辑:孔令清　责任校对:李　玲
装帧设计:张　玲　责任印制:桑国磊

图书在版编目(CIP)数据

班级,推开教育的一扇窗/李玉玺,王海荣著.—芜湖:安徽师范大学出版社,2020.9

ISBN 978-7-5676-4764-0

I. ①班… II. ①李… ②王… III. ①小学—班级—学校管理 IV. ①G622.421

中国版本图书馆CIP数据核字(2020)第167324号

班级,推开教育的一扇窗

BANJI TUIKAI JIAOYU DE YISHANCHUANG

李玉玺　王海荣◎著

出版发行:安徽师范大学出版社
　　　　　芜湖市九华南路189号安徽师范大学花津校区　邮政编码:241002
网　　址:http://www.ahnupress.com/
发 行 部:0553-3883578　5910327　5910310(传真)　E-mail:asdcbsfxb@126.com
印　　刷:苏州市古得堡数码印刷有限公司
版　　次:2020年9月第1版
印　　次:2020年9月第1次印刷
规　　格:700 mm × 1000 mm　1/16
印　　张:13
字　　数:200千字
书　　号:ISBN 978-7-5676-4764-0
定　　价:39.80元

凡安徽师范大学出版社版图书有缺漏页、残破等质量问题,本社负责调换。

序

在我看来，一位教师只有做过班主任，他的教育经验才是完整的，他对教育的理解才会达到应有的高度和深度。事实上，许多优秀教师也都是通过用心做班级工作得到锻炼，取得成绩，走向成熟，形成自己的教育理念和卓越风格的。李玉玺老师正是这样做的，他说："在做了几年的学校管理工作之后，我重新把自己栽回教室，重拾班主任工作，此时我对班级工作有了新的理解。丰富的教育阅历让我站在了育人的高度打理班级事务，组织班级活动。"育人是班级工作的核心目标，以此统领班级工作，便不会限于烦琐事务，而是"心中有灯方向明"。

本书的内容记录了作者对班级工作的创意思考与成功实践。"成长故事"中的每则班级叙事，都非常有意思，学生都是有名有姓的，活动都是有时间和地点的，事件都是有照片为证的。"班级生活"堪称有滋有味，文化味、传统味、仪式味、人情味，味味俱全。正是因为班主任是位"有趣味的人"，才升华了这些味道的品位。"行走课堂"打破传统教育的时空局限，将学生引向课外、校外，丰富了学生的精神生活。说到底，好的教育就是师生在教育时空中共同经历、共同成长。"班级工作"反思了班主任的情怀和班级管理之道，说明做人有原则、做事有规则，班级工作才可能有声有色。"家校合育"注重架设学校和家长沟通的桥梁，使得两种教育力量可以融合在一起，发挥出"1 + 1 > 2"的整体功能。《班级，推开教育的一扇窗》这本著作不仅表达流畅，文采斐然，而且其中流淌着情感，丰富且浓郁，读之令人动容；作者通过班级这样一个视角，透视出育人的哲理，读之令人回味；作者用这样的一种方式，为孩子们的童年而写，记录他们的美好生活，读之令人暖心。的确就像有人所说的，班级的事都是平凡的事，但把平凡的事做得不平凡，就是一种精神追求，就是一种创造能力，就成为一种艺术。

据我的了解，李玉玺和王海荣两位老师都是非常有教育情怀和写作才华的，他们把这二者完美地结合在了一起。在教育追求的道路上，且行且思，积少成多，所经之事，皆成风景，所记文字，深烙个性。一个人追求有所作为，才可能最终有所成就。而作为一个有成就的教育者，两位老师还愿意和别人分享他们的“教育之乐”：与学生分享，收获珍贵的心灵共鸣；与家长分享，收获难得的互信合作；与同行分享，收获愉悦的切磋共进；与读者分享，收获教科研的涟漪效应。一个优秀教师兼班主任，就要大胆创新、扎实工作，“推开教育的一扇窗”。在关乎人才奠基的普教领域，我们希望不只是李老师、王老师一花独秀，而是千千万万朵“鲜花”各自绽放自己的风采，形成争妍斗艳的局面。

说实话我个人非常喜欢这本书的叙事内容和文字风格，也乐意将它推荐给广大的读者，特别是在做着小学教师并兼任班主任的朋友们。相信它会给你们带来关于教育、教学、班主任工作的有益启示，说不定你们也会由此过上像两位老师一样觉醒的教育生活，学会做精致的班级工作，细心记下自己班级的精彩故事，出版个人的班级工作札记，收获学生的支持和爱戴呢。深所望焉。

是为序。

李如密

南京师范大学教授，博士生导师

2020年8月

为孩子们的童年而写

于漪老师说，她一辈子都在学做老师，我认为这句话渗透着关于教师成长的哲理。随着自己深耕教育沃土岁月的增加，我对这句话的感触也越来越深。的确，教师在不同的阶段对教育有着不同的理解，对育人也会呈现出不同的高度。做了几年的学校管理工作之后，我重新把自己栽回教室，重拾班主任工作，此时我对班级工作有了新的理解。丰富的教育阅历让我站在了育人的高度打理班级事务，组织班级活动。对教育的理解不同，看待工作的视角也会发生变化。在班级工作中，发生的一个个鲜活的成长故事，如果不把它们写下来我觉得是一种遗憾。因为这些故事都是孩子们生命成长中的里程碑，而且在每一个成长故事背后都蕴藏着一个值得沉淀的教育现象。于是，为了留住孩子们成长的故事、封存他们童年的记忆、沉淀我的教育思考，我把这些教育故事写下来放进了班级公众号中。

因为这些文字，因为这些故事，因为自媒体的发展，我在网上也“圈粉”很多。学生是我的粉丝，因为我写的就是他们自己的故事，读这些真实而又发生在他们身边的故事会引发他们的心灵共鸣。与此同时，我的这些文章大多是以下水文的形式创作的，这也成为他们习作时争相模仿的对象，无形中班级孩子们的写作水平也得到了提升。家长是我的粉丝，因为我写的是他们孩子的故事，尽管孩子是他们自己的，但他们不一定了解，更无法了解自己孩子在另外一个环境里的表现。于是，家长们渴望了解自己孩子的成长，关注自己孩子的变化，所以他们成为班级公众号里文章的忠实读者。他们想着从自己孩子的故事中读懂孩子的内心，从他人孩子的故事中寻觅到自己孩子成长的影子。无形之中这些文字使家校关系更为密切，成为教师和家长交流的最佳方式。同仁是我的粉丝，他们阅读我撰写的故事，从中品味故事背后的育人之道，学习班主任工作的艺术与方法。一种教育的正能量就这样通过自媒体终端传递开来，特别是在“圈圈相连”的时代，这样的教育思考不断地放大、放大、再放大。

岁月不居，时节如流。转眼间，孩子们即将毕业，王思怡为班里其他同学每人绘制了一张书签，也许是希望同学们以后能想起她；刘籽加用漫画的方式把难忘的小学记忆装进了漫画本；王梓瑞和邓玉茜把自己童年的记忆封存在了充满墨香的书法作品中；姜智勇则为大家录制了几首优美的曲子……而我呢，我要给孩子们送点什么？如何才能留住这段美好的记忆呢？

打开公众号，从第一篇文章翻阅到最后一篇文章，我突然发现这些文章不就是岁月的痕迹和孩子们成长的记忆吗？如果我把这些文章结集成书，那就是送给孩子们最珍贵的毕业礼物。无论他们成长多大，翻开这本书，童年的记忆就会复活；无论他们走到天涯海角，只要把这本书带在身边，他们就永远把童年的美好带在了身边；无论岁月如何流逝，有了这本书，我们共同编制的美好童年就永不褪色。

生活是随性的，故事是偶发的，叙写是自然的。本书中的故事都是伴随着孩子们的成长而发生的，因为故事不是为成书而写，故缺少严密的逻辑性。本书是为了记录孩子们童年的故事，为孩子们的童年而写；是为了记录我和孩子们的教育生活，为那段教育情怀而写。为此，这本书也具有了别样的教育意义。

教师：李玉玺

2019年8月

纪念我的小学生活

五年的小学时光，一转眼就结束了。那些令人难以忘怀的画面，永远像彩色照片一样印在我的脑海中。还记得李老师为我们准备的毕业三部曲——徒步之行、个人画展和法制报告，分别让我们收获了毅力、自信和规则意识；更记得课间那热乎乎的牛奶，解我们饥饿之困……这些难忘的故事，是我们小学生活的全部，为了让这些故事成为我们永恒的记忆，有心的李老师编写了这本书。

读着书中的故事，我想起了班里最受欢迎的作文课。那时的我最喜欢的就是作文课，因为大家可以朗读自己的作文，读完后，其他同学还会评论你的作文，甚至赞扬你的作文，这样的机会谁会不想要呢？几乎每次作文课，我都有机会上台朗读。站在台上时，我感觉特别自豪。现在我可以告诉大家一个秘密，我爱上写作就是从读班级公众号里的文章开始的，文章写得好也是因为模仿李老师的文章！哈哈，我聪明吧！可现在毕业了，再也没有机会去体验那种感觉了，想想还真有些舍不得。

读着文中的故事，我想起了李老师为我们讲的句句“格言”。李老师在课堂上随时可以触景生情，旁征博引，谈古论今，以“口吐莲花”之势为我们讲述了很多内容。在他眼里，世界万物皆有道理，古今事件皆有教育。他说的话好像句句都有哲理，因此，我们都很爱听他的“格言”。在云明山上压豆腐时，李老师告诉我们：“人生就像压豆腐，只有承受住压力，才会更结实，才会更坚强。”语文课上，李老师说：“你们都是一颗颗待发芽的黄豆，只有破土而出才能沐浴阳光……”李老师的每一句话，我都记在心间，因为这些“格言”、这些故事教会了我成长的道理。但我毕业了，很难再听到李老师那亲切的声音，唉，真是可惜。不过，还好有这些故事，只要翻开这本书，我就仿佛听到了李老师的“格言”，找回了我的童年。

读着这些故事，童年往事再次浮于心间，在与44位同学和李老师共处的几年里，发生了许多点点滴滴的事，有欢乐的、苦恼的，也有遗憾的。它们就像我记忆相册里的一张张照片，有些虽然已经随着时间的流逝渐渐模糊不清，但仍然有些画面清晰地印在我脑海中，久久挥之不去。元旦包饺子时，某些人被面粉拍成了“小白脸”；河滩边捉蟹那天有些人抓了一桶螃蟹，而有些人的桶空空如也；徒步远足时，同学们在半路上抢西瓜吃，啃得西瓜皮简直薄如纸……这些美好的画面，从此便只能成为回忆！感谢李老师送给我们这样一份特殊的毕业礼物，我想这是保鲜我们记忆的最好方式。

李老师约我为记录我们童年故事的这本书写“前言”，我非常兴奋。暑假的校园里空荡荡的，看着它，我有种久别重逢的感觉。我看着自己的教室，有些想哭。这曾经温暖的房间，如今空无一人，我叹了一口气，扭头走向李老师的办公室。门半开着，我屏住呼吸，推开门，看到了我日思夜想的亲爱的李老师，他穿着红T恤，像往常一样正坐在办公桌前写着文章。听到声音，李老师抬起头看见我，他笑了起来。听到他那爽朗、可亲的笑声，我双眼顿时湿润了起来。

李老师，感谢您的这份毕业礼物，它为我们的童年生活留下的美好回忆，这会成为我们的无价之宝！我现在的写作水平也只是小学生，当然不会写“前言”了，只是把它当成了一篇作文，写写我的心里话而已。

学生：刘籽加

2019年8月

目　录

第一章

叙写成长故事，沉淀教育思考

叙写是一种情怀，它以育人的视角记录孩子们的成长故事。之所以叙写这些孩子们的成长故事，是因为他们每个人的成长都像是一朵鲜花的绽放，花开的背后你会聆听到自信、责任与快乐的花开声。作为育人的园丁，我在聆听花开的声音之时，便沉淀下了一些深刻的教育思考。

成长中的友爱

友爱是同学们彼此以朋友相称，相互信任、相互支持、相互帮助并在交往过程中自然形成和流露出的亲切情感。友爱是一艘船，要用宽容去掌舵，它才一帆风顺；友爱是一首歌，要用理解去歌唱，它才嘹亮动人；友爱是一株禾苗，要用互助去灌溉，它才枝繁叶茂；友爱是一幅画，要用真诚去欣赏，它才美丽动人。友爱带给人的是温馨与关怀，也是同学们成长中不可或缺的一份情感。

王思怡，你的贺卡情暖2019

从某种意义上来看，世间一切都是遇见。就像冷遇见暖，就有了雨；春遇见冬，就有了岁月；天遇见地，就有了永恒；我遇见你们，就有了一段难忘的教育情怀。岁末年首，我们不仅感慨过往的岁月，还会憧憬美好的明天。在这样一个2018年牵手2019年的时刻，我们班级发生了一个让人感动的故事。

王思怡同学课间悄悄地告诉我，她给老师和同学们带了礼物，问什么时候可以送给大家。我以为是她外出参加比赛又给老师和同学们带回来的礼物，便问她礼物在哪里，于是她递给我一个鼓鼓的信封，这让我有点诧异，这是何物？我打开信封，里面是一叠整整齐齐的卡片，我用疑惑的眼光望了望她。她说，礼物就是这些她给同学们画的新年贺卡。我取出卡片，只见张张构图精美，片片精心勾画。瞬间一股感动涌至心头。这份礼物太特别了。且不说每张贺卡绘画精美，单说这份创意、这份用心，就足以让人感动。

我仔细地欣赏着46张色彩明丽、绘画精美的贺卡，构图没有一张是重复的，设计十分用心，有活泼可爱的卡通图案，有静谧优美的风景图案，有奇异瑰丽的花卉图案，有动感十足的动漫图案，还有创意新颖的想象图案……看后，我爱不释手。更令我想不到的是，每一张贺卡后面都写了一句祝福语，有“只要有信心，人永远不会挫败”这样的励志语句；有“也许终点只有绝望和失败，但这绝不是停止前行的理由”这样的勉励警言；有“态度决定高度”这样的哲理名言；还有“每一个不努力的日子，就是对生命的辜负”这样的人生哲理……46张贺卡有46句祝福语，同样也是无一重复。我不禁惊叹，这孩子是何等的用心啊！

这是一份惊喜，也是一份弥足珍贵的节日礼物。王思怡同学告诉我，这是她利用午休或晚上写完作业的时间，前前后后一共花了三个星期时间为大家准备的新年礼物。听后，我在心中为这位优秀的学生点了一个大大的赞。我不由得感慨道：正是我们的相遇，才邂逅了一次这样美好的教育瞬间。

王思怡是一个喜欢用舞蹈释放生命激情、用绘画诠释纯美心灵的学生。她身上既有孩童般的天真可爱，又有热爱生活的积极心态。她就是班级散发着积极正能量的一把火炬。这样一个优秀的学生，是学校给予了她成长的沃土，是家庭给予了她滋养的雨露。学校的拉丁舞课程，让这个起初有点内向且腼腆的小女孩慢慢地找到了自信，在韵律与节奏中改变、成长、发展。一年之后她脱颖而出，成为学校拉丁舞课程中的优秀学生。如今这个舞动的精灵已经迈出了学校的大门，登上市级各种演出的舞台，进而多次参加了国家少儿舞蹈比赛。这不，在刚刚结束的2018年全国校园体育舞蹈联赛武汉赛区，王思怡获得女子单人10岁以下A组标准舞一等奖、女子单人10岁以下A组拉丁舞一等奖和10岁以下单人单项恰恰一等奖三个大奖。掌声、鲜花走进了她的生活，但她依然保持着谦虚和不骄不躁的心态。在掌声和鲜花的包裹下，能保持这样的心态，是一种素养，更是一种品格。

家庭对于一个人的成长来说至关重要，王思怡的家庭就特别注重孩子成长中的仪式感。我记得王思怡曾经在一次习作中提到，每个学期开学的第一天，妈妈为她准备的早餐必定是热腾腾的饺子。妈妈把孩子开学第一天看得如同春节一般重要，这样的仪式感教会了孩子感恩，教会了孩子热爱生活，也教会了孩子传递爱心。我想王思怡送给老师和同学们的这份特殊的节日礼物，一定是一种仪式感在她内心的体现。

2019年来临的日子，这些带着爱心与暖意的卡片注定会让老师和同学们的这个元旦过得更有意义，也会让他们感受到别样的温暖，它将随着时间的流逝沉淀为老师和同学们心中永恒的记忆。在此，我代表全班同学向王思怡同学表示深深的谢意，你的贺卡情暖2019。

王思怡同学的成长故事，让我听到了花开的声音，也让我沉淀了对教育的思考——教育最终的归宿就是育人。

教育手记

雅斯贝尔斯曾说过，教育本质上意味着一棵树摇动另一棵树，一朵云推动另一朵云，一个灵魂唤醒另一个灵魂。在班级中，我教会孩子们分享，唤醒了王思怡同学内心的一份情感，所以她为老师和同学们送上了手绘的贺卡。她的这份友爱，温暖了老师和同学们的内心，也让我听到了她成长的声音。

岳修宇，分享放大了快乐

今天是周一，第一节课是语文课，此时学生一般都患有“周一综合征”，尤其是早上第一节课表现甚为明显。为了缓解同学们的症状，充分抓住我们刚刚参加的活动契机，我决定临时搞一次班级分享活动。上周家委会组织部分同学到上海参加了国际童书展与“动物小说大王”沈石溪见面会并进行了交流，到现场的同学收获颇多，感受深刻。班级里还有部分同学由于各种原因没能参加活动，为了弥补这部分同学的遗憾，我决定让参加活动的同学进行一次分享。

其实，在活动之前我就想好了，一定带回点东西送给他们，来抚慰他们那“失落”的小心灵。不仅我是这样想的，班级参加活动的部分同学也是这样想的。课前我悄悄地问了几个同学，果然，他们都给和自己关系更好的同学带回了纪念品，于是我当即决定改变课堂教学计划，上一堂让学生学会分享的语文课。

首先，岳修宇同学从书包里拿出了一袋上海的小纪念品，是同学们喜欢的那类小饰品。岳修宇的好朋友都得到了一份小礼品，他们自然高兴得不得了。得到岳修宇同学纪念品的还有许老师，估计许老师收到那个“坐飞机飞回来”的东方明珠模型时也会很开心。其次，给大家带来礼物的是杨世宇同学，只见他迅速打开橱子门提出一个塑料袋。哈哈，原来是一包各种口味的上海糖果。一看到吃的，同学们眼睛都绿了。杨世宇同学告诉我这一袋子糖果花了60元，足够给每一位同学分一块，买的时候他都算过了。大家自然舍不得吃“坐飞机飞回来”的糖果，而是相互交流议论着你的是什么样的口味、我的是什么样的味道。第三个分享的是邓玉茜同学，她给自己最好的朋友带了沈石溪亲笔签名的图书。自然，收到这份礼物的同学也感受到了与作家见面的快乐。最后，我分享了给大家带的礼物。这次我花了近500元特意买了沈石溪签名的图书，为那些没能参加活动的同学弥补遗憾。我带回的这些图书第一批发给了没有参加活动且周末作业完成优秀的同学，第二批发给了没有参加活动且近期综合表现突出的同学。第三批只剩了四个同学，我暂时替他们保管着，待他们作业认真完成后再将图书分发给他们。之所以分批发放，我既想让同学们分享快乐，又想激发他们学习的兴趣，并借此机会教育他们任何事情都需要积极争取，任何机会和成果都不能坐享其成。这一份纪念品自然是同学们最为珍贵的礼物，因为这本书已经超越了普通图书的意义，带着老师的期待和作家的亲笔签名，它将成为一件有意义的纪念品。

分享会放大快乐。学会分享，就学会了心中有他人，其实这就是一种优秀的品质。教育无处不在，一次分享放大了本次上海之行的意义。半节课的时间就这样过去了，后半节课学生需要动笔记录这件事情的经过以及自己的感受，于是一篇小文章就有了写作的素材。只要留心，教育无处不在，习作素材触手可及。

教育手记

教育就是要让孩子们看到周围世界的美、人际关系的美，看到精神的高尚、善良和诚实，并在此基础上在自己身上培养美的品质。这是教育的名言，更是教育的真理。作为班主任，我坚信在班级教育中，让友爱浇灌的心灵一定会结出善良的果实。

任政宇，难忘的九岁生日

孩子的成长过程中要有仪式感，仪式是构成孩子童年回忆的节点。任政宇同学昨天向我请示，明天是否可以在学校里过生日。为了满足孩子的心愿，我便答应了。我想，牺牲一节语文课圆孩子一个心愿，给孩子一个难忘的生日仪式也是非常有价值的。教育不就是以这样的仪式和活动引领孩子认识世界、学会相处吗？何况这样的经历还能为全班孩子制造一次写作的素材。

第三节课，我请任政宇同学和另一位同学把准备好的生日蛋糕抬进了教室。顿时，教室里欢声一片。当我亲手给任政宇同学戴上生日帽时，同学们便不由自主地为她唱响了生日祝福歌。我想，这不就是教育嘛，分享别人的幸福，你就是幸福的；分享别人的快乐，你就是快乐的；不吝惜自己的祝福，你便是阳光的！

生日活动的第一项，让大家猜一猜生日蛋糕的样子。尽管我已经看到有些“小馋猫”已经垂涎欲滴了，但是我还想吊吊他们的胃口。今天的主角任政宇同学猜一定是水果的，因为妈妈知道她喜欢吃水果；有的同学猜里面的图案一定是一只小老鼠，因为任政宇同学是鼠年出生的；还有的同学猜里面的图案是一只大公鸡，因为今年是鸡年；还有的同学猜里面有巧克力……当大家喊“1、2、3”，我拿掉包装盒时，同学们共同发出了“哇”的惊叫声，一个两层插满巧克力和水果的蛋糕“闪亮登场”！

活动的第二项还不是吃蛋糕，我故意让蛋糕的香甜味在教室里多飘荡一会儿！接下来我让同学们沐浴着蛋糕的奶油香气，为任政宇同学写一句祝福语，并亲自读给她听，然后再把便笺纸贴到黑板上。我先送上了一首生日诗：“自爱，使你端庄；自尊，使你高雅；自立，使你自由；自强，使你奋发；自信，使你坚定……这一切将使你在成功的道路上遥遥领先。九岁，童年的一个逗号，愿你快快成长起来，去获取你光明的未来！”不一会儿，同学们便拿着自己的祝福语开始排队送祝福了。孩子们写得都情真意切，任政宇同学感动得脸都红了。送完祝福，同学们准备分享蛋糕，此时姜志勇同学自告奋勇要求现场吹奏萨克斯，我当然允许，因为此时还真少了一点音乐的氛围。不一会儿，悠扬的萨克斯生日曲奏响了，顿时同学们的生日歌把气氛冲向了高潮。

最后吃蛋糕时，同学们那叫一个快乐，他们把蛋糕抹在了脸上，成了京剧中的小丑，快乐的氛围充满了整个教室。此时还是我们的小主人想得全面，她建议给隔壁的老师送蛋糕，让他们一同分享自己生日的快乐。分享是快乐的，也是短暂的，放学铃声传来时，欢乐的氛围伴随着放学铃声荡漾开去！

任政宇同学生日会

晚上回家，我选了两张照片发在班级群里，收到了家长们的纷纷点赞。任政宇妈妈留言说："李老师，谢谢你！这是任政宇第一次在学校里过生日，以前她的生日都赶在暑假，所以她特别羡慕在学校里过生日的同学，这次真的满足了她多年的一个心愿。任政宇回家之后特别开心，尤其是收到了全班同学的祝福。她把那些写着祝福的便签贴都精心地贴在了自己的小本子上，说要保留好，留着长大看。这真的是有生以来她过得最有意义的一次生日。"学生王梓瑞的家长留言道："祝任政宇小朋友生日快乐，健康成长。看到生日会上还有小帅哥献乐，好洋气呀。这样的生日会真好，李老师用心了，特别是看到黑板上那颗大大的爱心很是感动。"每个孩子都送上了真诚的祝福，更加深了他们之间的友谊，让本来只是吃蛋糕的生日会变得如此有教育意义，这次活动非常有价值。

我想这样的仪式、这样的课堂价值一定会大于一节常态的语文课，让孩子们收获更多。

教育手记

散文《白色山茶花》中有这样一段文字："就因为每一朵花只能开一次，所以，它就极为小心地决不错一步，满树的花就没有一朵开错了的。它们是那样慎重和认真地迎接着唯一的一次春天。"通过这次生日会，我想告诉同学们，九岁的生日是人生中唯一的一次，童年也是人生中唯一的一次，唯一的东西请大家珍惜、慎重对待。教育只有找到了合适的载体，才能发挥最大的效果，比如这一次生日会，孩子们不仅获得了成长的快乐，更学会了珍惜生命中的每一次唯一。

成长中的自信

“自信人生二百年，会当水击三千里。”自信是人不可缺少的一种正能量，因为自信，我们变得勇敢；因为自信，我们走向成功；因为自信，我们不畏困难。

孙久亿，你是一朵绽放的雪莲花

学校今年的“六一”演出搬到了东营顶尖的艺术殿堂——雪莲大剧院。这不仅是一场演出，也是一项重要的仪式。教育需要仪式，通过仪式能让教育直抵孩子们的心灵，这种仪式也许会成为他们童年永久的记忆，也许在他们的学习路上具有里程碑式的意义。

在今年雪莲大剧院的舞台上，一颗沉睡的种子被催醒了，他就是我们班里性格极其内向的孙久亿同学。学校的艺术课程让他找到了属于自己的春天，这次演出让他成为最靓丽的一朵雪莲花。孙久亿同学一米六多的个头，却是一个极不自信又内向的男孩子。课上他从来不举手，不论是课上我主动提问他问题还是课下讨论，他都无法自然地与我交流，语言表达成为他的一种障碍。

教育就是唤醒，多彩的课程就是为了给孩子提供多样的发展机会。面对学校多彩的艺术课程，我在思索像孙久亿这样的男孩子性格太内向不好，应该帮他选一个可以培养他活泼性格的课程。我发现他音乐节奏感特别强，于是把他送进了奥尔夫音乐课程。这项艺术课程通过不同形式节奏的训练激发学生的音乐热情，关键是动感的节奏可能会改变一个性格内向的学生。经过一年的学习，我发现他开始渐渐地改变，于是在今年的“六一”文艺汇演中把他送上了舞台。结果在雪莲大剧院的舞台上，那个曾经一学期几乎不说一句话甚至还经常抹鼻涕的大男孩，在有节奏的非洲鼓声中彻底爆发了。你看他，赤裸着上身，面部涂上了一道道彩色的脸谱，头戴羽冠，下身穿着虎皮花纹短裤，赤着脚，准确地和着鼓点，随着音乐狂野地叫喊，疯狂地摇摆，完全融入了音乐中，舞台上的他就是非洲部落中一个在篝火旁载歌载舞的族人。他的节奏感极强，表演极到位，同学们都对他刮目相看。自从他上台以后我都没看整个节目的全景，自始至终就盯着他一个人。这还是那个孙久亿吗？我开始怀疑自己的眼睛。不敢相信自己眼睛的不仅是我，还有班里的几位家长志愿者，这也完全出乎他们的意料。演出结束后，孙久亿同学成了我们班的明星，一位家长拿着相机对着他就是一阵狂拍。

看到这样一幕，我的内心是激动的，眼睛是湿润的，学校多彩的课程让他找到了属于他自己的春天，这样一种仪式给这个极不自信的心灵打开了一扇窗。在一所学校里，总应当有这样一些活动场景，成为学生成长中的一个特殊符号，成为学生一生难以忘怀的记忆，留在他们噌噌拔节的生命里，流淌在他们澎湃的血液里。毋庸讳言，教育是潜移默化，教育是润物细无声。但是，如果学生在几年的学校生活里，没有任何一个活动让他们体验到一种直抵心灵深处的感动，没有任何一个场景让他们激情澎湃、声嘶力竭、热泪盈眶，那么，这样的学校生活对于学生而言，不仅是一种成长的遗憾，更是一种教育的缺陷。

孙久亿同学参加表演后的合影

有了自信，人就会发生改变，接下来的日子我看到了他的变化、他的成长。五年级下学期他已经能写出比较好的文章了，为了鼓励他，我特意在校报上发表了他的一篇优秀作文。现收录在此，成为孩子成长永远的见证：

一件难忘的事

每个人的童年都有一大把幼稚天真的小愿望，它们是各式各样的：你的可能是看一场无比精彩的电影；他的可能是去从未到过的地方旅游一次……在别人看来这些只不过是小孩天真无邪的遐想。

我也有着自己的小愿望，那就是参加一次春季运动会，成为一名运动员。在运动会上，就算是平时交往不多的同学也会为运动员打气，一声声的呐喊助威，那是多么令人向往啊！

可是这样神圣的时刻却与我无关，我最想参加的项目是60米和100米短跑，这算是我的强项。为了展示我的强项，我一直在努力：每次上体育课老师让我们跑圈，我就装着系鞋带，等队伍跑出了一大截，我才起身冲上去，为的是看看自己的速度有多快；自由活动时，我还向老师申请跑圈，为的是练习跑步。我如此努力只为一个目的——参加运动会。然而我的愿望并没有实现，我觉得非常遗憾，为此做过的努力最终还是白费了。

但出乎我意料的是五年级小学最后一次运动会，李老师圆了我当运动员的梦想，让我参加的项目就是我最擅长的60米和100米短跑。运动会来临了，同学们期盼的是运动会期间可以享受没作业的待遇和美味的零食，可是我不关心这些小事。第一次参加运动会，我关心的是那些校园里60米和100米短跑的强者都有谁。

当我站在鲜红的跑道上时，既兴奋又紧张。我全神贯注地听着老师的口号："各——就——位，预——备——""叭"的一声枪响，我飞快地冲了出去。风呼呼地从耳边刮过，我似乎听到了同学们的呐喊声，我越跑越快，最后获得第一名。在终点处，同学们热情地围着我欢呼、庆祝，我得意极了！

回想我的努力，不由得发笑，我竟用系鞋带的方法练习速度。回想我的成功，不由得想感谢李老师，是他让我圆了小学时期一个最大的梦想。

教育手记

教师不能总是牵着学生的手走路，而是要教给他们独立行走的能力和勇往直前的自信心。教育更多的时候就是给予学生更多尝试的机会，让他们从中找到自我。毕业离校时，孙久亿那自信的笑容就是给我最大的回报。教育的成功并不是培养最优秀的人，而在于培养天天有进步的人。

姜智勇，一颗待发芽的艺术种子

今天下午第一节课之前，我在走廊遇到了正在整理乐器的姜智勇同学。别看他个头不大，玩的乐器却是一个不小的家伙——萨克斯。这是我喜欢的一种乐器，说不上具体特别喜欢它哪里，我就是喜欢听这种乐器发出的声音。于是我随机让姜智勇吹奏了一段儿，主要是想看看他在学校铜管乐校本课程中究竟学得怎么样。他迅速整理好乐器，开始为我演奏。一首悠扬的乐曲便在走廊中回荡开来，顿时引来不少同学围观。乐曲完成得不错，音调准确，指法娴熟。这时辅导老师走了过来，我便问他，姜智勇同学练到这样的水平要用多长时间。辅导老师告诉我，练习近一年的时间才能达到这样的水平。对于这样的学习效果，我感到非常满意。

对于孩子们的技能我一直非常重视，技能的发展除了可以培养一种兴趣爱好之外，关键是有这样一项技能能够让他们树立自信心，让他们在成长的路上获得自我成就感，这非常有利于孩子们的身心健康成长。放眼未来，不见得他们走入社会一定靠这样的技能生存，但是拥有这样一项技能，便可能在社会生活中架设一座人际交往的桥梁，也许这座桥梁能让他们通往事业成功的彼岸。

如今的教育随着社会的发展与时代的变迁，不再是单纯的知识传授，而是走入了以文化知识为基础的素养时代。在素养时代，学生只会学习、只会考试显然是行不通的。过去大家上学就是为了未来有一份工作，即使你不会交际，情商低一些，只要智商高、成绩好，走出校门也会找到一份工作。这样的人生活在非常狭隘的工作圈里，生活简单、工作单一、交往甚少，与社会融入度浅。这样的人一旦走出自己狭隘的工作圈就无法适应社会，无法更好地生活。

当下，社会多元化的发展为明天走入社会的孩子们提出了新的时代要求，我们不能死读书、只做题。在如今的教育中，我们不能停留在“育分”的短浅视野中，而是应该着眼孩子的未来发展和终生关键能力的培养，做好“育人”工作。我们要全面发展，在打好基础的同时，寻找自我发展的途径。这样的教育理念要求我们为孩子播撒各种各样的种子，提供各种各样的机会。教师、家长要为孩子提供多样发展的机会，在多样化的试验中找到适合孩子的发展路径。在广泛播撒的种子中，无论哪一粒种子发芽、成长，都会结出硕果。对于孩子来讲，无论哪一粒种子成长，他们都会走向人生的成功。

姜智勇同学在乡村小学表演节目

从姜智勇同学身上我已经看到了学校提供的多样化课程中那颗艺术的种子正在发芽，开始成长。我坚信这样的萌发一定会为他的童年留下美好的印记，为他的健康成长起到积极的促进作用，也许在某个更大的舞台上还能见到他潇洒的演奏身影。这一切在未来都有可能实现，因为我们的课程设置为孩子今后的发展提供了无限的机会和可能。

教育手记

每一位同学都是一粒藏在贝壳里的透亮的珍珠，每一位班主任都应争取做打开贝壳让珍珠发光的人。多元智能理论告诉我们，一个人的智能是多方面的。的确，性格迥异、能力不同的学生，就不应该只用一纸试卷去评判。通往成功的路不只一条，体现个人价值的桥也不只一座。为此，班级出现了漫画家、小说家、音乐家……

成长中的奉献

有一种美丽叫奉献。红花美丽，因为有绿叶的陪衬，在花儿美丽的背后，绿叶做出了奉献；屋子里十分明亮，因为蜡烛在燃烧自己，在这明亮的背后，蜡烛做出了奉献；丝制的衣服柔软，因为蚕付出了艰辛，在这柔软的背后，蚕做出了奉献。在我们的班级生活中，因为你的奉献，整个集体变得温暖了。

冯广寒，昨晚来到教室的小雷锋

今天是2019年3月6日，昨天是“雷锋日”。随着当下社会的发展、时代的进步，雷锋精神已经被赋予了新时代新的意义，乐于助人的奉献精神是始终不变的主题与核心。

早上我一走进教室，感觉教室与往日不同，教室内似乎明亮了许多。定眼一看，教室的确有变化，以往同学们为了便于打扫卫生，板凳都是倒扣在课桌上的，今天却都整齐地放在了地上。我再仔细一看，课桌的桌面被清洗得一尘不染，深蓝色的桌面似乎有了些许光泽。我恍然大悟，难怪教室里比以往明亮了许多，原来是因为这焕然一新的桌面啊！这是谁干的？“雷锋”昨晚一定来过我们教室，瞬间脑海中闪过了这个想法。是物业所为？可邻班课桌的“脸”没有清洗，说明肯定不是物业所为。是家委会成员所为？好像也不是，因为我没有接到他们的任何信息。正在百思不得其解之时，同学们陆续走进教室，看到自己的课桌整洁干净，无不惊喜地欢呼雀跃。昨晚，这间教室究竟发生了什么？来的“雷锋”究竟是何许人也？同学们也在叽叽喳喳地猜测着。于是，我在班级群中发了一则寻找“雷锋”的启事，静待神秘人物浮出水面……

手机光标闪烁了一下，微信中传来冯广寒妈妈的一则信息。原来，昨晚来教室的“雷锋”不是一个人而是一家人。这样一个答案有点出乎我的意料，同时我也深受感动。感动的是这个同学一家选择用这样的活动来为同学、为班级服务，更感动的是活动背后的教育意义。我一直相信，家庭是孩子成长的沃土，拥有良好家庭教育的孩子一定会成长为优秀的人。习总书记曾说："家庭是人生的第一个课堂，父母是孩子的第一任老师。"的确，无论时代如何变化、经济社会如何发展，对孩子来说，家庭的生活教育功能不可替代，家庭的社会教育功能不可替代，家庭的文明教育作用不可替代，因为我们的孩子每天都浸泡在家庭之中。家庭对孩子成长的熏陶就是最好的教育。冯广寒的家长就给孩子营造了一个良好的家庭成长环境。记得去年暑假期间，我就接到冯广寒妈妈要求到教室给绿萝浇水的微信。我相信，这样的家长一定会教育出优秀的孩子，这在冯广寒同学的班级生活中已经得以验证。

冯广寒同学清理桌面

今年的3月5日，对于冯广寒同学来说应该是一个记忆深刻的日子，在这个日子里他知道了什么是助人为乐、什么是奉献他人，同时他也收获了一份独有的成长营养。对于这个家庭来说，这也会是一个值得留在记忆深处的日子，这个家庭的家长工作也忙碌，家务事同样也多，也有另一个孩子在家等待，可是爸爸和妈妈还是以身示范，为孩子做出了榜样。这个家庭把对孩子的教育看成了家庭中最重要的事，这就是家风、家教。做永远比说有意义，榜样总比说教有力度。这个家庭在这个学雷锋的日子里收获的不仅仅是班级所有同学的感激，更收获了孩子成长之路的精神食粮。

为此，我们都要重视家庭的作用，注重家教和家风，既承担起"帮助孩子扣好人生的第一粒扣子，迈好人生的第一个台阶"的重担，又承载起帮助孩子"在为家庭谋幸福、为他人送温暖、为社会做贡献的过程中提高精神境界、培育文明风尚”的重任，这样家庭培养出来的孩子才能在责任感乃至奉献社会等方面打下良好的思想基础、品德基础和人格基础。

这件事对冯广寒同学来说是一次有意义的成长经历，他体验了助人的快乐，于是他在作文中写道：

今天早上，我一走进教室就感觉和往日的心情不一样。似乎教室里明亮了许多，每位同学的脸上都带着笑容，此时我很开心。大家看到自己的课桌焕然一新，不仅目瞪口呆，还问谁干的好事。不一会儿，我就听见有人在寻找昨天晚上帮助大家擦桌子的“雷锋”。我暗地里听着大家对这位“雷锋”的评价，还听见大家都在猜测“雷锋”是一位阿姨吧，不对，应该是一位叔叔……嘿嘿，怎么就没有一个人想到是我呢，不过幸好他们没想到是我，如果说出“雷锋”就是我的话，我很难想象同学们会有什么样的表情。他们会不会特别吃惊？他们会不会惊掉下巴？哈哈，就让他们尽情猜吧。

上午放学回家，我告诉妈妈今天课上李老师表扬了那位“雷锋”。李老师说大家要向那位无名的“雷锋”学习，今后不要在桌子上乱写乱画，要爱惜干净的桌面，珍惜“雷锋”的劳动成果。过后，我看见有位同学刚想往桌子上写字，可就在笔尖碰到桌子的一瞬间，他把笔收了回去，写在了本子上。

通过大家的议论和老师的评价，以及同学们的行动，我感觉到这次活动非常有意义。于是，昨天晚上擦桌子的情景又浮现在我的眼前：我们三个人一人拿着一块抹布擦洗教室里的课桌。我沾上水，涂上洗洁精，左擦擦，右擦擦，不一会儿桌面便露出了洁净的面孔。我高兴地拿起妈妈的手机拍了一张没有擦过的桌面，又拍了一张擦过的，这一对比，简直是天壤之别，擦干净的桌面闪耀着深蓝色的光芒，就像洗干净脸的帅小伙，再看那个没有擦的桌子，桌面脏乎乎的黯淡无光。

虽然同学和老师还不知道“雷锋”就是我，但我心里却非常高兴，因为这个活动让我体会到了助人的快乐。

教育手记

我认为，让孩子成为什么样的人，父母应该先成为什么样的人。父母把美德和善行传递给孩子，比给他们留下财富更有意义。这样的一次活动，冯广寒的家长给孩子提供的不仅是助人为乐精神的体验，而且教给了孩子如何做人的道理，在孩子的个人成长中增添了一种叫作“奉献”的品质。

褚宇晗，冬天那朵最美的雪花

2018年的第一场雪比以往来得早了一些。早上起床，拉开窗帘，一个银装素裹的世界呈现在了我眼前，我顿感神清气爽。这时手机上传来今天的第一条信息，信息是学校的孙东山老师发来的，内容为："因昨晚下雪，道路湿滑，通知学生上学路上安全第一，谨慎慢行，允许晚到！"在这个寒冷的冬季，我顿感一丝暖意从手机中流淌出来。这条信息不仅是冬天的一股暖流，更是一种爱与责任的传播。于是，我马上在班级群中发出了一条温馨提示。

下楼打扫完院子里的积雪后，我开车上班。路上车辆不多，大家都谨慎行驶。尽管道路存有积雪，好在不是太厚，有些道路的积雪已经开始融化。车行驶较慢，我七点二十五才到校，比以往晚了几分钟。早到的学生已经陆陆续续走进校园，校园的广场上物业人员早已打扫出了可以通往教学楼的小路。在校门口和马路执勤点，田磊老师和四年级的家长志愿者已经在维持交通。一抹红色的马甲与银装素裹的雪地交相辉映，他们成为雪天里最美的一道风景。

教学楼门口湿滑，是同学们容易摔倒的地方，很危险。看到同学们踉跄的样子，我决定在这里站一会儿，提醒一下同学们小心走路，以防摔伤。我站定之后，发现身后已经有一位同学在维持秩序了，她不断地提醒同学们路滑、小心，走地毯。另外，她还把低年级同学叫到一边，教他们把鞋子上的雪弄掉，再进教学楼。我站在台阶上组织学生，唯恐学生在台阶处摔倒，发生危险，这位同学则在楼门口不断提醒过往的同学。从七点半开始，我们俩人一直站到七点五十，等大部分同学进入教室之后，才准备离开。离开时我问了孩子的班级与姓名，才知道她是四年级三班的褚宇晗同学。

这位小姑娘，早早地来到执勤的岗位，不断地提醒过往的学生注意安全，不断地叮嘱那些调皮的学生弄掉鞋子上的雪。这一切做得是那样自然、那样尽职。寒冷冻红了她的面颊，但她一直坚持到了最后，其实到最后，门口就她一个人在执勤。这名学生的责任心，在这个寒冬的早晨温暖了我。究竟我们要培养什么样的学生，什么样的学生才是具备核心素养的人，这位学生给了我明确的答案：具有责任心和关爱他人品质的学生就是我们要培养的优秀学生。在这种无人监督的情况下，表现出来的自发的、自觉的高尚行为，就是高素养。伴随着飞舞的雪花我拍下了她的照片，在我眼中，她成为东凯校园里这个冬天那朵最美的雪花。

褚宇晗同学护导

校园内外雪花漫天飞舞。入校前扫雪的物业人员，第一个发出安全提示的孙东山老师，在门口一直提醒同学注意安全的褚宇晗同学，最早出现在学校门口值班的田磊老师，带班的任黎昕主席，还有四年级各班家委会的志愿者，他们在这寒冷的冬天雪景中都凝聚成为一朵朵美丽的雪花。

教育需要合力，就像这冬天的雪花，一朵雪花不是冬天，也不足以装饰整个大地，只有一朵一朵地聚在一起才会塑造出冬天的美景。

教育手记

我们要用善于发现的眼睛，去寻觅学生身上的闪光点。作文中一句优美的话，生活中一点好的表现，也许相对于学生的过失、缺点显得微不足道，然而，每一次真诚的表扬都会给他们一份自尊和自信。为褚宇晗同学写这篇小文就是给她一次真诚的表扬，表扬那个冬雪的早晨她表现出的奉献精神。那个冬雪的早晨，她是最美的一朵雪花。

成长中的责任

责有攸归，责无旁贷。这句传颂千年的佳话，讲述的就是责任。责任是颗渺小的种子，一旦把它播种在学生的心中，随着时间的推移，它会生根、发芽。过不了多久，它会成为小树苗，最后成为参天大树。

张志楷，你的幽默是一份责任

今天是周一，按照惯例周一课间操要举行升旗仪式，升旗仪式结束后要发班级流动红旗。对于这样的评比我一般不会放在心上，我的理念是班级一定要干净整洁，物品摆放一定要规范有序，环境一定要温馨舒适，氛围一定要学习气息浓厚。教室就是学生学习的地方，开始带班我就对学生约法三章：入室则静，既坐就学。良好的班级环境对同学们潜移默化的影响与熏陶太重要了，一个杂乱无章的班级环境很难培养出习惯良好、行为规范的学生。我们班干净整洁，原因如下：一是不在班级摆放垃圾桶，自己制造的垃圾自己放学后带走，投放到教室外面的垃圾箱内。二是划分学生自己的“责任田”，除了班级公共区域安排值日生外，学生自己的位置均属于自己的“责任田”。每天下午放学后学生自己搬起板凳，自己捡拾脚下的垃圾，自己用抹布擦净属自己的“责任田”。大家齐动手，不仅减少了打扫卫生的时间，同时也增强了劳动观念和责任担当意识。开学两个月以来，同学们表现良好。卫生靠保持，习惯靠坚持。为此，这一项工作我没有投入太大的精力。而且，流动红旗是否得到我不在意，只在意学生的习惯是否养成，环境是否适宜学生学习。

以上种种都是我的想法，可是同学们却有他们自己的观点。他们可能不会意识到我对环境的要求是在培养他们的习惯，而可能更加重视那一面流动红旗。今天升旗仪式上，流动红旗没有流动到我们班级，有几个同学似乎有点着急。这种着急在我看来是好事，好在学生在乎班级的荣誉，在乎班级的得与失，在乎他们所在的这个集体，这不就是集体荣誉感的体现吗？站在队伍最末端的张志楷同学听到我们班没有得到流动红旗后，愤愤不平地说了一句："我们班养只小狗吧，让小狗挨着舔一遍就更干净了……"站在旁边的几个同学听后都忍不住笑出了声，我站在旁边听到后，也忍不住笑了。虽然这句话与严肃的升旗仪式不太相符，但我并没有生气。同学们笑是因为张志楷的这个离奇想法太滑稽，我笑是因为张志楷同学具有了那颗为集体着想的责任心、那份集体荣誉感。其实他的想法是有些着急，我们班本来挺干净，应该能够得到流动红旗，所以他才说是不是我们弄得再干净些，达到像"狗舔"的一样干净，方能得到流动红旗。孩子的内心其实就是这样简单而率真。

陪张志楷同学上课间操

这不禁让我想到了上周刚刚结束的趣味运动会，有些集体项目因为个别学生缺乏这样的集体荣誉感和责任心，放弃比赛，出现抱怨队友等现象。过后我在班级里面就这样的问题专门进行了分析，对学生们实施了教导。为了让这样的教育效果落实到实践活动中，我正在筹划组织一次班级活动。不过我想如果大家都能和张志楷同学一样有"养只小狗"的想法，班级教育就基本成功了。

"养只小狗"的想法，不就是学生责任心的体现吗？

教育手记

小时候的集体荣誉感伴随着孩子们走向社会就会转变成团队精神，乃至升华为一个人的家国情怀，小时候的一份责任心待长大之后就会成为一种担当与责任。其实，育人就应该从这些点点滴滴的细微之事做起，这也正是小学教育之为、小学教师之为。今天事小有责任，明天事大便能担起栋梁大任。

王博成，氤氲在那片绿色中的小小少年

班级是学校教育的细胞，是学校的最小单位。我认为教育不是生发在学校这个面上，而是生发于班级这个点上。班级作为班主任和任课教师距离学生最近、最直接的地方，每时每刻都会发生教育故事，所以班级就是教育最容易生发的土壤。

前一段时间，朋友的花店搞促销，我花了100元为班级购买了12盆绿萝来装饰环境，希望班级充满生机，也希望班级绿意盎然，给同学们创造一个舒适的学习环境。绿萝摆放在靠墙的储物柜上，它们的到来顿时让班级增添了不少的情趣。摆放花盆的时候，我随口对帮忙的王博成同学说："今后你就负责管理它们，每天给它们浇水。"当时我也就是那么随口一说，因为男孩子性格一般都比较粗犷，没有女孩子心思缜密，养花这样的事情还得交给女孩子比较放心，但是话我已经脱口而出了，那就先让王博成同学管理一段时间吧。

于是，每天进教室，王博成同学放下书包后的第一件事就是给花浇一遍水。前几天我只是关注到了王博成同学给花浇水这件事，但没有注意到他是怎么浇水的。近期，12盆绿萝长得生机勃勃，钻出了不少的新芽和嫩叶。不光是我，王梓瑞同学也注意到了绿萝的变化，她还告诉我，过去班级也养过绿萝，不过很快都蔫了，但我们现在养的这些绿萝长得十分茂盛。今天早上又看到王博成同学在浇水，我放下手中的杂志，询问他怎么给这些绿萝浇水的。王博成同学告诉我，他用一个600毫升的水杯，每天早上浇一遍，一共12盆绿萝，每盆浇50毫升水，也就是说每天用一杯水就可以了。我听后不禁暗自佩服，这个小男孩不但有责任心，而且会动脑筋、想办法，还有自己的主见，真不简单。令我佩服的不仅是他浇水的定量，还有他浇水的方式。为了防止花盆里的水溢出来弄脏同学们柜子里的物品，他每次只浇50毫升水，但是这50毫升可能浇不透整个花盆。于是，王博成同学每天浇水时都会从花盆的不同角度去浇，今天浇这边，明天就换另一边，这样浇水就均匀了。生长在不同位置的绿萝都会喝到水，就不会出现因为浇水不足导致生长不均匀的现象。

王博成同学在浇花

听完王博成的浇花“理论”，我不禁暗暗佩服。浇花这样一件小事，折射出的不仅是这位同学具有责任心如此简单，而且是他对待事情会动脑思考，会创造性地做事。这样的素养不就是我们现在提倡的学生核心素养，不就是支持他们今后走向生活的关键能力吗？一个人走向社会首先要有担当意识，要有责任心，也许这种担当意识和责任心的教育就生发于像浇花、打扫卫生这样的小事中。一个人走向自己的工作要有创造性，只有创造性地工作才能更好地做事情，而不是简单地应付完成。具备这样素养的人，才是适应未来社会的人才。这种素养的启蒙就来源于班级生活，比如创造性地浇水不就是孩子创造性地完成工作最原始的萌芽吗？

为此，教育的生发地一定在班级集体。

教育手记

能做事情是一个人基本的能力，会做事情、做成事情、做好事情则是一个人素养的表现。班级处处是教育，班级事事能育人。王博成同学担任了近两年的班级“园丁”，班级这片绿色氤氲的是一位少年的责任之心。为此，我想教育的生发地一定在班级集体。

一株松树屹立在贫瘠的山坡上，风吹雨打摧不毁它挺拔的志向，雪压霜欺它更加蓬勃向上。一株小草扎根在岩壁的石缝，干旱饥渴扼不断它碧绿的生机，危崖绝峭泯不灭它生存的欲望。一株大树的无畏姿容、青翠的枝叶和一棵小草的坚强信念、坚韧的品格，都会让人联想到两个字：自强。自强，是一首歌，是一首伴随终生的歌，也是一首生生不息的歌，它陪伴着一个人走向美好的未来。

邓玉茜，学会输比学会赢更重要

今天第四节课我走进教室，教室里数学老师许老师正在和孩子们给徐文瀚同学庆祝生日。我给徐文瀚同学一个超大的石榴作为生日礼物，他高兴得不得了。我扫视了教室一周，有的同学在津津有味地吃蛋糕，还有调皮的同学在嬉闹，相互涂抹奶油。只有邓玉茜同学安静地坐在位子上，让我感觉不太好。今天是学校大队委竞选的日子，她应该是刚刚参加完竞选回来。看那样子，我基本上猜出了结果。

邓玉茜同学是我们班里的一名优秀同学，聪明伶俐，又懂事，学习成绩优异，兴趣特长突出，会拉二胡，会打乒乓球，是个全面发展的孩子。该同学算是乖乖女类型的，平时在班里十分安静，我刚接班的第一个月课堂上她举手回答问题的次数都有限，可是每次极具思考深度的问题她都能回答得很到位，足见这孩子是个会学习、爱思考的优秀生。随着课堂教学的适应，渐渐地她融入了积极回答问题的行列。就是因为她这样优秀，所以我才推荐她代表班级参加学校的大队委竞选。参加竞选是一个繁杂的过程，要准备竞选演讲，要准备才艺展示，还要制作宣传海报。整个过程下来，煞费精力。

邓玉茜同学得了三十几张选票，她从桌洞里把选票一一掏给我看。我以为她会伤心地流泪，但是她出乎意料的坚强，只是忽闪着大眼睛望着我。我马上鼓励她说：“你把这些选票收好，这是极具纪念意义的东西。结果不是关键，重要的是参与的过程，也是一种经历。”我做了安抚工作，见她没事了也就放心了。下午来上学的时候，邓玉茜同学又恢复了往日快乐的心情，看样子上午的不愉快已经过去了。

在我看来这是一件好事，也是一段难得的成长经历。孩子一定得输得起，一定能承受得住挫折，这样才能都够迎风顶雨。事情是如此巧合，女儿今天参加学校的运动会，上午的项目是400米。回家后看到她的状态不太好，估计是不满意成绩。不过她已经基本能够适应这样的事情，只是心情不悦而已，这已经比以前遇事接受不了就掉眼泪有了很大的进步。至于过程我就只问了问：“你尽自己最大的努力跑了吗？如果你尽力了就是最努力的运动员。记住，无论做什么只要尽了最大努力，结果不是最重要的。”我经常这样教育自己的女儿，也会这样告诫我的学生。下午的跳高比赛，女儿拿回来一块银牌，我问她尽最大努力跳了吗，她说，最后一跳实在跳不过去了，我说这就够了。看得出她很兴奋，吃晚饭时奖牌还挂在脖子上。

人在顺风顺水的时候，你往往看不出他的差别。只有在遇到挫败时，才能看出人的坚强。这样的坚强来自孩子成长中的挫折教育。人生没有常胜将军，遇到苦难与挫折是生活中的常事，孩子从小就应该学会从追求赢到学会输，还要学会从输中汲取成长的力量。

放学后我给学校组织活动的老师打电话了解情况，得知邓玉茜同学的才艺展示因为没有音乐伴奏影响了现场效果，另外她不够大胆泼辣的文静性格也影响到了选票。其实这些都不是最重要的，最重要的是她经历了这样一个大场合的历练、大比赛的磨炼。比赛就是自己成长中的一面镜子，发现自己的短板，反而更利于以后的成长。过后，我把邓玉茜同学的竞选海报粘贴到班级壁报上，让她在班会课上和同学们分享一下竞选的过程。这是最重要的一课，我们要教会孩子失败之后不气馁，要能看到光明，继续努力。

什么是挫折教育？就是要让孩子在经受挫折的时候，知道前方有光明，人生不是受挫折后就一败涂地。但是光靠说教是不行的，只有在一次次失败中，带他们去寻找那一线亮光，在寻找的过程中总结经验和教训，从中学会从追求赢到学会输。这样的历练过程成就的是孩子一生受用的素养，这样的素养也许能够决定孩子一生的命运。

教育手记

生命中的每一次成长都是一次跨越。生活中的每一次跨越、每一次挑战都是成长。成长需要不断地锤炼自己，失败之后依然见到阳光，那一定是因为你行走在通往成功的路上。在我们成长的道路上，学会输比追求赢更重要，因为只有遇到挫折时才能看出一个人的坚强。教会孩子从追求赢到学会输，是一位班主任应尽的教育职责。

周志蕊，这就是你们成长的痕迹

2016年9月《中国学生发展核心素养》发布，核心素养便成为教育界的高频词。无论专家如何界定素养的含义，也无论多少教育人士产生什么样的质疑，我想核心素养最终应该体现在生活中各种各样的能力与表现上。

素养是独立解决问题的能力。触及我有此想法的是今天发生在周志蕊同学身上的一件小事。今天上完课间操，第三节课是语文课。上课伊始，我下发第一节课听写的词语作业，当我读到倪郁涵同学时，看到她的座位上空空如也。倪郁涵同学去哪里了？课间操她向我请假说身体不舒服，要在教室里休息，现在人呢？我有点儿着急，担心她出什么事了。这时周志蕊同学回答我说，她身体不舒服，刚才打电话让家长接走了。我一听就更加惊奇了，她没有向我请假，也没有让我开请假条，学校门卫不可能放她离校的。周志蕊同学似乎明白了我的疑惑，接着说："倪郁涵同学非常不舒服，你去上课间操，我们找不到你，就直接联系了家长到校来接她。我们自己写了一个请假条，盖上了你的印章，学校门卫就让家长把她接走了。"

我以前跟班委说过，有特殊的紧急情况可以用我的印章。于是，周志蕊同学写了一张请假条，盖上了我放在办公桌里的印章，家长就顺利地把孩子接走了。听到周志蕊同学的回答，我不由得为她点赞。点赞是因为她灵活处理了这件事，也是因为我从中看到了她随机应变的能力。事情虽然很小，但我却从中发现了学生的素养。周志蕊同学是我们班级当中一个优秀的女孩，伶俐聪明而又认真踏实，还是我们班习作小能手。今天这件事情她处理得得体而有效，我不禁深思：对孩子而言，到底什么素养才是最重要的呢？不就是那些遇到实际问题能随机应变处理的能力吗？知识的学习、活动的历练、技能的培养，这一切都是为了让学生学会解决生活中的实际问题、适应未来社会生活而储备的，为提升个人素养而积累的。

素养是慎独时的道德品质。这个观点也是源于发生在我们班中的一件小事。常晨阳家长“朋友圈”中有这样一段话：“下午儿子放学时间我不能按时去接，所以提前跟班主任老师沟通，放学后让儿子在班级写作业，下班后我再来接他。我从班级后门隔着玻璃悄悄往里看，好安静，只有他在，他正在后门附近的工具柜旁拿扫把，看到我后他面带微笑，示意我进去。‘妈妈，你来得正好，和我一起打扫卫生吧。’‘好的，今天你值日吗？’‘不，值日生打扫了，但是明天我们模拟考试，我想让大家有一个更整洁的环境。我作业写完了，就想再收拾收拾我们班卫生，你来得正好，可以帮我的忙。’于是，我听从儿子安排，跟他一起打扫卫生。都收拾好以后，他让我再等他一会儿，他把球队好朋友的储物柜整理一下。卫生打扫得怎样暂且不说，能自觉、主动地为班级、为大家做事情就让我有些佩服了，不求表扬，这样默默地付出是一件多么美好的事情啊。孩子，希望你就这样继续美好下去。”我想，这些行为背后是他自发的想法，也许这就是良好班级氛围带给他的成长和进步。故事就是这样，他是一个慎独，能够为班级服务、为同学着想，自觉主动担当的同学。素养是什么，我想就是内化于心、外化于行的个人品质与行为。

素养是价值观的引领。今天我和同学们共同学习了人教版新课标语文四年级下册第21课《牧场之国》，尽管这是一篇略读课文，但该文章句式优美，是学生学习语言文字不可多得的优秀范文。另外，文章在表达方式上采用动静结合，也是学生学习模仿的良好素材。正是因为文章语言文字有很多可学之处，教学中我进行了深入挖掘，学生通过品读体会感悟到了语言文字的美妙，领悟到了牧场之国——荷兰之美。学生通过朗读这些生动的语言文字，感受到生活在牧场的动物如此悠然自得。同学们似乎被牧场景致所陶醉，被安谧精美的牧场之夜所感染，由衷地发出“这就是真正的荷兰”的感叹。学生只有真正走入文本，才会触动自己的情感。下课时，张扬慧茹和邓玉茜同学围着我，继续说着自己的感受，似乎她俩还意犹未尽，仍然沉浸在牧场之国美景之中。末了，张扬慧茹同学遗憾地感慨道："老师，为什么这么优美的东西都在外国呢？"看着她那遗憾的表情，我的心猛然震了一下：这可是价值观问题啊！课上我只顾和学生品味语言文字之美了，却忘记了文字所描写的国度了。于是我灵机一动说："前一段时间我们学习了一个单元，介绍了中国的长城、颐和园，还有让世界惊奇的秦兵马俑。这不都是我们的骄傲吗？"

素养，摸不着但是看得见，它就是品格。

教育手记

"莫见乎隐，莫显乎微，故君子慎其独也。"慎独、与时俱进就是文章中这些孩子的素养之体现。正如爱因斯坦所言，当学校所学的一切全都忘记之后，这些沉淀下的品质与能力才是真正的教育之果。

常晨阳，在语言文字中感悟家国情怀

“儿子写完作业突然跟我说他今天很生气，他形容为‘非常气愤，简直快要气死了’。他看我一脸疑惑，就把语文课本拿出来，使劲塞给我，说：‘你自己看吧，这篇课文写得快气死我了，你瞅瞅，重点是这一段……’，原来是刚学过的课文《为中华之崛起而读书》，文中租界地发生的事情让他义愤填膺。这篇课文让他久久不能释怀，他还生动地向我描述，课堂上同学们读到这里气得如何跺脚的。”这是常晨阳家长发到“朋友圈”里的一段话。不难看出，这篇课文触动了孩子们那颗善良的心，这些文字让他们走进了那段历史。课堂上，常晨阳同学随着对语言文字的理解走入了文中，学习逐渐入脑、入心，为此才有了和家长的一番对话。我想如果学生都能够把课文学到这个程度，也就真正走入了文中，体会到了课文的内容，这节课便成功了。

这篇课文的学习，我并没有从教学内容入手，而是遵循语文课程性质，从学习语言文字出发引导学习，在语言文字的触摸中让学生感受其中的内容。学文伊始，我引导学生概括课文主要内容：周恩来立志为中华之崛起而读书。是什么引发了周恩来的这种想法呢？引导学生读文抓住了“中华不振”一词。接下来我们的学习就围绕从哪里体会到了“中华不振”，作者如何表达了“中华不振”这些核心问题展开学习。学生通过发生在租界地的一件事模糊地感受到了“中华不振”，但是认识比较浅显。于是，我提供了什么是租界地，以及立在租界地入口“华人与狗不得入内”的牌子为学生补充了相应的历史资料，以帮助学生学习理解。对于“中华不振”的理解，我提出了第一个语言训练点：对于此事，你认为什么是应该的、什么是不应该的？学生思考后回答，洋人应该认罪，中国巡警应该支持妇女……然而面对着这样的现实，存在着大量的“不应该”：中国的大地上到处萧条冷落，不应该出现繁华的洋人租界地；妇女不应该衣衫褴褛；肇事的洋人不应该得意扬扬；中国的巡警不应该向着洋人说话；围观的群众不应该敢怒而不敢言……面对如此种种的“不应该”，学生到此初步体会到了“中华不振”的含义。带着这种理解再次读文，学生的感情便都表达出来了。

文章学到此处还没有完成，我认为孩子们还需要进一步感悟“中华不振”的屈辱历史，于是我再一次引导学生走入人物角色，体会：妇女会哭诉什么？得意扬扬的洋人会说什么？中国巡警又会说什么？有的学生体会到：妇女可能哭诉这是她唯一的亲人，无故被洋人轧死了，得意扬扬的洋人却满不在乎。有的学生体会到洋人可能说：人是我轧死的，你又能把我怎么样？有的学生还体会到洋人可能说：你们的命不值钱，就如同一条狗，轧死就轧死了。关于巡警，学生体会到，他们本是中国人，可是却为洋人卖命，仗势欺人，向着洋人说话，反而责怪妇女的亲人自己不长眼睛……文章体会到这里，学生个个都义愤填膺，真正体会到了“中华不振”的内涵。若中华不振，那么人民便没有地位、没有尊严、任人宰割、任人践踏。带着这样的理解，学生再次读文，感情在朗读中得到了进一步升华。

语文不需要特意去挖掘人文教育，在语言的学习中，在听说读写的语文能力训练中，在文本的理解中就自然得到了渗透。以文化人，这就是语文这门学科独特的育人功能。不只是常晨阳同学，就是我，这两天也一直都郁郁寡欢，那段屈辱的历史的确是每一位中国人都应该铭记于心的。不忘初心，牢记历史，这是每一个中国人的责任。恰好今天是12月13日国家公祭日，为了不能忘却的历史，我们应该再一次感受“中华不振”的悲哀。80年前，南京近乎一座空城，惨绝人寰；“中华不振”，30万同胞惨遭杀戮；“中华不振”，国人血流成河；“中华不振”，残忍的暴行书写了南京的血腥历史。铭记，不只是民族的悲怆，还有落后必亡的训诫；纪念，从不为宣扬报复的怨念，只为许下复兴的心愿：中华当自强！

为师，就应该成为学生热爱祖国的引路人！

教育手记

教师是学生成长的引路人，引导不是说教，而是一种启发、一种自然的渗透。学习这篇文章让孩子认识了历史，感悟到“中华不振”的耻辱，爱国之心、强国之情由此萌生，这就是教育。教师不仅要做学生学习知识的引路人，更要做学生奉献祖国的引路人。

第二章

过好班级生活，编织童年梦想

“墨香琴韵起，诗意棋理兴”，这是我的班级生活愿景。班级生活应该是丰富多彩的，只有丰富多彩的班级生活才会留给孩子们丰富多彩的童年梦想。班主任和孩子们是班级生活的事中人。过好班级生活，和他们共同编织童年的美好梦想，在他们的记忆中沉淀下一抹最美丽的色彩，这就是我的教育初心。

班级生活过出文化味

文化是一种精神的灵魂，班级生活有了文化的味道、文化的底蕴，也就有了育人的内涵。班级生活中的文化味就像春天的阳光，会使每位同学感到温馨、温暖、快乐，也会使班级井然有序、充满生机，更会彰显出班级的育人特色。

清晨诵读，班级生活中的悦耳声音

班级生活就是班级同学共同的生活，是指在班级这个特定空间，由师生组成的特定主体，为了获得更好的生存与发展而开展的各种活动。班级生活包括班级文化、班级课程和班级活动三部分内容。班主任要有艺术地构建属于自己的班级生活，其实内涵是增强班级凝聚力，培养学生的集体荣誉感，同时也为学生沉淀团队精神。

今年新接手了一个班级，作为班主任，我拥有更多的自主权和话语权，于是我决定构建属于自己的班级生活。要想构建班级生活，学生是核心，发展是要务，一切工作都要围绕服务学生的成长来展开。经过暑假的思考，在取得家长的支持之后，我决定构建一天的班级生活首先从晨诵开始。我编过学校的校本教材《清音》，那时我就希望学生每天的学习生活从晨诵开始，优美的童诗和儿歌可以润泽童年、启迪生命。如今四年级的学生已经到了积累语言、内化语言的关键时期，是受到文化熏陶和滋润的关键期。为此，我带学生开始诵读《小学生散文100篇》。精悍短小的散文，文笔优美，朗朗上口且寓意丰富。

第一周我们读到席慕蓉的《白色山茶花》，文章里面有这样一段文字："就因为每一朵花只能开一次，所以，它就极为小心地决不错一步，满树的花就没有一朵开错了的。它们是那样慎重和认真地迎接着唯一的一次春天。"学生读完后感叹，我们的童年不就是唯一的一次吗？为此，我们要谨慎而又认真地迎接属于每个人的唯一的一次春天。同学们似乎还是懵懵懂懂的，但是他们已经开始知道不能再错过童年唯一的一次四年级生活了，知道要认真努力地度过。任政宇同学在班级中度过了自己九岁的生日，有孩子在作文中都写道："任政宇同学在班级中度过了她人生中唯一的一次九岁生日，我们为她送上祝福。在为她写生日祝福的时候，我是慎重而又认真的，因为这是我们共同陪她度过的唯一的一次九岁生日。"孩子们在诵读中悟到：人生中唯一的东西需要珍惜，我们要慎重而又认真地迎接人生中唯一的一次。能达成这样的诵读效果，不就是诵读最大的功效吗？

诵读不仅仅是感悟语言内涵，体会语言蕴含的哲理，而且从语文学习的角度来讲，它对培养语感、内化语言、培养自信心等诸多方面都有益处。诵读不过关是制约学生语文能力发展的关键问题。根据我的教学经验得知，一部分学生学完课文之后，仍然读不好课文，更别说读得有感情了。这部分学生往往语文学习比较困难，书读不好，习作也好不到哪里去。在平时的教学中我特别注意这一点，宁可让课堂教学进度慢一点，宁可让学生少做几道题，也要给学生留足时间去诵读。诵读不仅是学生学习语言的主要途径，也是培养学生语感的重要方式。语感是学生重要的语文素养，语感的培养不是老师在课堂上讲出来的，而是学生从文章中读出来的，而且语感的培养需要一定的阅读量做基础。我们通过观察可以发现，班级里那些诵读能力差的孩子，他们的习作中往往病句也很多。为什么文章读不好、读不流畅？因为课文的语言和他们不规范的内部语言差异太大，所以他们读起来不顺口，一读就把句子读破了，读倒了，甚至读不下去了。怎样培养这些孩子规范的语言习惯呢？最好的办法就是让他们大量地阅读，把课文读通顺、读流畅，读成自己的语言，自然他们的语言就规范了。总之，我们的晨诵大声读就是一个很好的方法。

诵读能帮助孩子培养语感，属于精读的范畴。学生语文素养的提升还需要静心阅读，这属于略读的范畴。这种静悄悄的阅读，也就是默读，适合读大部头。静悄悄的阅读是孩子们思维跟随故事内容驰骋的时刻，是孩子们跟随故事环节展开想象的过程，也是孩子们走进故事世界和人物展开隔空对话的光阴。这种静悄悄的阅读培养的是读者在故事情节中的想象能力、思维能力和逻辑推理能力。这些能力都是通过阅读文字进行再创造得来的。为此，爱阅读的孩子想象力更加丰富，想象的空间也更加广阔。这就是会阅读的孩子会越来越聪明的原因所在。

静悄悄的阅读滋润了孩子们的精神世界，他们从阅读中汲取智慧的营养，沉淀属于自己的人格原始财富。读书可以养性，读书可以练脑，这是有道理的。静悄悄的阅读不仅是一个人涵养的塑造，也是一个人素养的提升。读书和思考连在一起，读书和表达也会连在一起，静悄悄的阅读可以不断地提升我们发现问题的能力、审美的能力和表达的能力。于是，静悄悄的阅读便成了构建我们班级生活的另一道风景。下午到校，学生一走进教室，静悄悄的阅读就开始了。

任政宇同学认真阅读

我给班级的学生定了规矩：教室是学习的地方，必须是安静的地方。如果你想要说话和玩耍，教室内不行，你可以到教室外。学生第一周不适应，第二周开始好转，这是第三周，学生已经基本养成了习惯。我不但给学生找到了阅读的时间，另外还给他们营造了学习的氛围。如果这样坚持下去，一天20分钟，一个学期、一个学年下来，学生的阅读时间就是一个庞大的数字，学生也就形成了良好的阅读习惯。除了在班级为学生营造读书氛围外，我还利用阅读“存折”积累阅读量兑换心愿的方式，激发学生的阅读兴趣。第一个心愿是阅读沈石溪的系列动物小说，去和作者见面交流。让阅读成为学生生活中必不可少的一部分，成为所有学生的学习方式，让阅读成为我们班级生活的重要组成部分，阅读便成为班级文化的一个显性符号。

教育手记

常言道："茶亦醉人，何必酒；书能香我，不需花。"孩提时代心灵的浇灌与呵护，读书无疑是最佳的途径与方式。读书有益于明理、启智，有益于育德、励志。有教育家说过，一个人应当在灵魂深处有一份精神宝藏，那就是他通宵达旦地读一两百本书。

古诗书签，让经典诗词在班级生活中咏流传

如今在传统文化回归的浪潮之下，统编教材来临之际，古诗词的背诵积累成为一个热门话题。加之电视文化栏目《中国诗词大会》的渲染，古诗词的学习又一次被推崇。无论是传统文化回归之需，还是当今文化潮流的浸染，小学生背诵一定量的古诗词，对提升自身的文学素养是有百利而无一害的事情。孩子目前处在记忆的黄金时段，沉淀积累一定量的古诗词，自然会提升自己的文化内涵。背诵古诗词有助于构建我们的班级生活，用诗词润泽孩子们的心灵，在他们的童年播下一粒传统文化的种子。开学初我便开始实施此计划，三周即将过去，已初见成效。

背诵古诗词的好处是公认的，关键是如何让学生能津津有味、兴趣盎然地去背诵。兴趣是最好的老师，再拗口的诗句，只要学生有兴趣了，背诵完全不在话下。上周姜嘉贤同学已经能够熟练背诵《将进酒》了，这足以说明兴趣的力量。构建诗文诵读的班级生活时，我没有让学生准备书籍，按顺序背诵，而是准备了带有古诗的120张书签，这有效地激发了学生的兴趣。几周以来，我时常会看到学生手中拿着一把用线串在一起的书签。课间，同学们你抽我一张，我抽你一张，相互检查，相互比赛。这样的活动渐渐代替了学生课间的打闹，看到这样的变化我倍感欣喜。不论是课间，还是课外活动时，只要我有时间，学生便会拿着古诗书签和记录古诗背诵的阅读“存折”来找我检查、签字。我要求同学们每月要背诵一定数量的古诗词，完成的给予奖励，不达标的会有惩罚，不限定每天背多少首，随时背诵随时记录，总之，每个月完成任务即可，这样学生可以根据自己的时间自由安排。当学生不把背诵看成任务而是有兴趣地自发完成时，背诵效果自然就好多了。

于是，同学们在课间背诵，在课外活动时背诵，在放学行进的路队中也在背诵。我们班的古诗词背诵成为学校的一道靓丽风景。用古诗词背诵

的方式构建我们的班级生活，为学生播下传统文化的种子，用文化涵养学生的生命，我们已经出发。

周志蕊同学在作文《爱上古诗，爱上传统文化》一文中这样记述了自己的感受：

我国的传统文化博大精深、源远流长，有唐诗、宋词，还有曲、赋、书法、国画、灯谜、对联等，那就说说我最喜欢的古诗吧。尤其是看完《国学小名士》电视节目之后，我对我们班级实施的古诗词诵读的认识更加深刻。

诗是古代文化的痕迹，李白被称为“诗仙”，杜甫被称为“诗圣”……这些诗人的诗被人们流传下来。古体诗有固定的诗行，也有固定的体式，按诗句的字数分，诗可分为四言、五言、七言古诗。另外还有一类杂言古诗，诗行里的字数长短相杂，参差不齐。无论哪种体式、哪首诗，都是古人智慧的结晶，诗里面蕴含着深刻意义。记得李老师说：“中国的古典诗歌浓缩了我们母语的精华，以其特有的节奏感、韵律感和美观性，从古至今始终具有那种迷人而高贵的气质。”

我们今年有幸遇到了李老师，李老师带我们领略了古诗的美，让我们在经典古诗中徜徉，一张张小小的书签让我们爱上了古诗。李老师在新华书店大厅组织了班级古诗诵读比赛，那情景真让我们难以忘怀。在赛诗会上，我一显身手，两分钟之内连背了18首古诗。这样的背诵得益于李老师的妙招，李老师让我们用古诗书签来背诵古诗，背过一首就用绳子串起来。这一举措让我们全都加入了背古诗的活动中，所有同学都在背诗，课间背，放学路队行走时也背，只要有时间我们就背诵。那时大家都在争先恐后地准备比赛，看谁背得最多，看谁背得最快。最初观看电视节目时，我不仅羡慕选手的“腹有诗书气自华”，也羡慕选手落落大方的表演。我相信，如果我们这样一直积累下去，下一次舞台上也许就有我或者同学的身影。

今日诗韵起，他日风雅颂。让我们在古诗的陪伴和滋润下，一路前行。

教育手记

文化是一个民族的灵魂，经典的古诗词是中华民族文化的灵魂。把立德树人的根本任务氤氲在诗词文化中，是班级生活涵养学生精神世界的不二选择。一把书签、一套诗词、一段生活，沉淀成我们班级独有的班级文化生活。

作文投稿，让文学的种子在班级生活中孕育

我们知道提升学生的习作水平，除了以阅读积累为基础外，最直接的途径就是多写多练。多写多练就是多运用语言文字进行实践，练得多了学生自然就写好了。让学生多写多练，首先要从课堂上抓起，阅读教学中我适时适当地进行迁移，为学生创设读写结合的机会。如《鸟的天堂》一课，学习描写鸟多的语句之后，我让学生仿写草原上的羊。《爬山虎的脚》一课，作者描写爬山虎的脚那段，语言简洁生动，用词准确，先介绍后总结的方式堪称语言的经典。学习本课后，我让学生观察葡萄的卷须进行仿写。《蟋蟀的住宅》一课，学习课文之后，我让学生试着描写蟋蟀的住宅，并进行详细介绍。这样的小练笔既让学生深入理解了文本内容，同时又让学生进行了有效的表达训练。这种读写结合的切入点，就是利用课文内容创设情境，让孩子进行说和写的练习。这样的表达练习也有方法，但是不一定要强调用什么方法，只要让学生动笔实践就对学生的语言发展有效。学生可以有效地把课文语言转化为自己的语言，在表达实践中锻炼自己的表达技能。除此之外，学生可以在大量实践过程中获得更多的表达经验和策略性知识。

“现阶段儿童正处于语文经验积累的初期。语文经验的积累必须靠大量的读写实践，在实践中去体会、去感悟，领悟那些读写的方法和策略。在阅读实践中学习阅读，在写作实践中学习写作，在讲故事过程中学习讲故事，这都是儿童学习语文最有效的途径。”吴忠豪教授曾提出这样的语文学习观点，这是符合小学生语文学习规律的。我们反思一下，语文能力是不是老师讲出来的？显然不是！阅读能力是读出来的，作文能力、说话能力是在实践中练出来的。当下我们的语文课大多强调的不是学生实践，而是重视老师的讲解，这是个很大的误区。

为了给学生更多语言实践的机会，激发学生的习作兴趣，本学期采用

学生写作向我投稿的办法，改变过去布置写作文或日记的作业样态。以前布置的作业，学生都当成任务完成，很被动，是应付的心态，完成的作文质量也不怎么高。而让学生向我投稿，投稿的内容、字数、风格均不做具体的要求，只是要求学生写自己的真实经历和表达真实感情即可，这样既打破了因为条条框框对学生思维的束缚，也解决了学生写回忆性文章的困惑。我不要求大家都投稿，但是对投稿的学生加大表扬力度，采用切实可行的措施进行激励，并适时适当地给予展示的平台。

对于投来的稿件，我进行初评，择优表扬。表扬的方式一是奖励图书一本；二是将优秀的文章制作成班级的作文报在全班级推广阅读；三是将优秀的文章推荐给学校校报或校外其他期刊发表。慢慢地将物质奖励转到精神层次的鼓励上来，学生写作的兴趣就会慢慢地被激发出来，良好的习作氛围也会逐渐养成。

学生的习作水平和习惯不是在课堂上讲出来的，也不是学生认真听出来的，而是这样一点一点地练出来的。在语言的实践中，学生提升了对生活的观察力、对事件的感受力、对问题的思考力和批判力。在习作练习中，学生对语言文字的运用会更加娴熟，词句也会更加有温度、有感情，随着时间的流逝，文学的种子就会在学生心中萌芽。

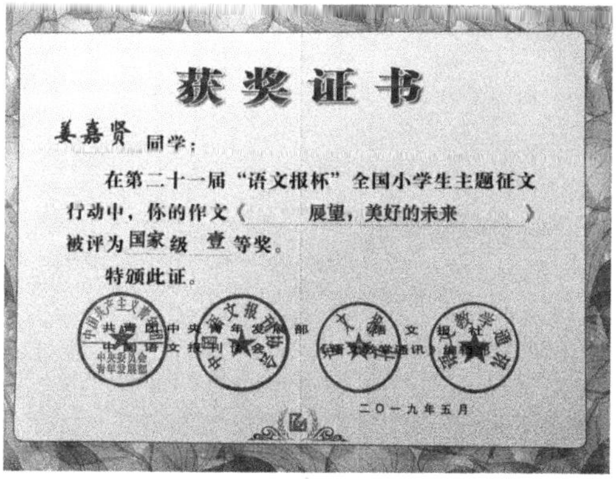

姜嘉贤同学的获奖证书

第一周作文投稿时，刘籽加同学创作了自己的科幻小说，写了足足有一千余字，我要为他点赞。两年走下来，刘籽加不仅漫画画得好，还创作了一本厚厚的科幻小说。除此之外，姜嘉贤同学迷上了小说创作，毕业之前已经写了厚厚的一本。他的习作《展望，美好未来》在第二十一届“语文报杯”全面小学生主题征文行动中获得全国一等奖，给他的小学写作生活画上一个圆满句号。

教育手记

有人说，教育不是灌输而是点燃火焰，也有人说教育不是注满一桶水而是点燃一把火。我让学生以投稿的方式写作，激励他们的写作热情，点燃他们的创作之火。这两年，点燃了刘籽加同学科幻写作的火焰，一年之内他写了几千字的系列科幻故事；点燃了姜嘉贤同学小说写作的一把火，一年之内他留下了上万字的作品。他们的这些作品也许非常稚嫩，但是热情一旦点燃，我想未来在他们的世界里文学之火必将燎原。

诗词大赛，让经典文化在班级生活中咏流传

到这个周末，我和这一班孩子们已经共同度过了两个月的时光。如果说九月份学生是因为教师更换而倍感新鲜的激情岁月，那么从这个月开始我们便走入了班级生活构建的平流期。从这一个月的表现来看，有的学生热情开始退去，慢慢地显出原有的本色，但大部分学生经过一个月的班级生活历练，习惯与能力都跃上了一个新台阶。激情燃烧的岁月终究会消退，能力的形成、习惯的培养还需要学生的自控能力，也就是自我约束能力的发挥，说到底就是学生意志品质的体现。

从开始接手这个班级我就确立了一个带班理念——构建属于自己的班级生活。于是，我将系列的班级活动和计划慢慢推开，九月份我们班组织了第一次研学旅行活动，取得了较好的教育效果，初步凝聚了人心，培养了学生的集体荣誉感，而且直接引发了学校其他班级组织秋游活动的热情。为了激发同学们的学习激情，不断为班级生活的构建添砖加瓦，我规划着适时适当地组织班级其他活动。今天组织的古诗诵读比赛活动是第二次班级集体活动。班级活动其实就是为学生搭建一个锻炼的平台，提供一个更加多元的展示机会。在这个舞台上，我们会看到学生的另一面。这次古诗诵读比赛让我深切地体会到，只要给学生搭建一个展示平台，他们就会呈现出异样的精彩。

通过背诵古诗词，构建属于我们自己的班级生活。活动坚持两个月以来，有的同学背诵了70多首，最少的同学也背诵了二三十首。活动开展以来，班级直接的变化就是学习氛围浓厚了，课间打闹的学生减少了，学生的学习兴趣高涨了，学生课间背，放学路队行进中也在背。而且这项班级活动得到了学校的认可，经验推广到了全校，校领导倡导其他班级也开展古诗诵读活动。

有了这样的学习氛围，学生的学习潜能得到不断激发，有的学生竟然

开始背诵长篇古诗文。孩子的能力决不能低估，孩子的黄金记忆时期决不能耽误。姜嘉贤背诵《蜀道难》，岳修宇背诵《长恨歌》，李文康背诵《将进酒》，今晚这几位同学的开场展示，不得不说让所有在座的家长和其他旁听的人赞不绝口，这就是我们班的孩子，这就是只诵读了两个月古诗的学生。给孩子营造一种学习氛围，我们就会收获意想不到的精彩。这样的精彩同样来自赛场上张扬慧茹、王梓瑞等同学，他们在没有任何提示之下，在短短两分钟的时间内接连背诵二十几首古诗。如果没有平时几十首古诗词的积累，没有天天背诵的功底，绝对不会有如此精彩的表现。在古诗词接背环节，背得最多的同学能够接背三十几首。一沓古诗书签，一本阅读“存折”，开启了我们的班级生活，而今天学生令人赞不绝口的表现，让我看到了两个月以来孩子们的进步。

之所以选择在新华书店举行这样的活动，那是因为这与在教室举行活动的效果是不一样的。新华书店大厅有舞台，台下有很多观众，这是对所有参加活动的学生的一个历练。在我的教育思想中，学生的成长要有仪式感。学习生活中的节点仪式，也许会让学生在记忆深处珍藏一生，也许这样的一个仪式会让某一个孩子从此由胆怯走向勇敢，也许这样的一种仪式会激发孩子们的一种兴趣或触动他们的内心，从而激发他们的内生动力。今晚每个孩子都有上台自我展示的机会。如果孩子只是当五年的“观众”，没有当一次“演员”，那么这样的学校生活对他们来说是一种遗憾，缺少了上台锻炼的机会，会影响他们能力的提升和素养的形成。

今晚，另一支可圈可点的队伍就是小主持人了。在这里，首先要感谢王梓瑞和周思霖两位同学的家长在活动主持环节给予的倾力支持。活动现场，孩子们从开始的紧张、拘谨到后来的大方、自然以及灵活自如地应急处理各种事情，甚至个别地方还能自由发挥。其实有些环节是我临时加进去的，就是想锻炼他们的应变能力，结果他们都能应对自如。活动结束后，王梓瑞找到我说：“李老师，今晚我发现自己有做主持人的才能。”我想只有这样的活动体验才能激发学生的自我成就感，让他们树立自信心。没有班级活动做载体，我们很难完成培养学生能力的目标。

在活动准备期间，有的同学告诉我，我们班举行这么多好玩的活动，他感觉真幸福。另外，还有一位同学对我说，她的同胞妹妹非常羡慕她，也要转到我们班级来。这就是班级荣誉感。让学生感觉所处的集体是一种荣耀、一种幸福，这就是集体的内涵价值。其实，这项活动能够成功不仅需要孩子们的精彩表现，更重要的是我们做到了家校共育。本次活动我们班八位家长相当给力，提前想到的落实得非常到位，没想到的也补充得很完美。为了举办这次活动，家长们动用了不少的心思，出力的出力，献智的献智，无论是会场的布置、现场的组织，还是学生奖品的设置，大家群策群力。在此，我对家长们的付出表示感谢。这样一项活动让家校关系更加和谐，家校共育的效果得到有效提升，与此同时，家长的集体凝聚力也得到倍增。

王梓瑞同学的作文中详细描述了整个活动的过程：

经过两个月的努力，东凯小学四年级八班的古诗诵读比赛就要举行啦，大家一个个摩拳擦掌，跃跃欲试，都想要报名参加这项活动。其中，我和另外四名同学有一个特殊任务，就是当这个比赛的主持人。听到这个消息，我既惊喜又紧张，想着一定要好好表现，圆满完成老师交给的任务。其实，大家不知道的是，比赛之所以能够顺利举行，家委会的八位家长是大功臣，做出了很大的贡献，他们提前四个小时到现场布置。

我们几个小主持人也非常努力，跟着爸爸妈妈早早来到现场。比赛前我特别紧张，生怕出一点错误，一直翻着古诗书签，背着台词。妈妈为我加油，给我竖起了大拇指，我就更有信心了，相信自己一定能行。

我宣布：“东凯小学四年级八班古诗诵读比赛现在开始。”伴随着主持人的话音落地，我们的比赛也正式开始啦。第一项比赛是个人展示。我们班有几位同学背的是那种很长很长的古诗，班里没几个人能背下来，所以我们称这几位同学为“高人”。果然他们不同凡响，他们背的诗又长又熟练，一口气背了三四首呢。“唧唧复唧唧，木兰当户织……”这首《木兰辞》我非常喜欢。我现在也会背一点儿，最近我正在努力地背诵，相信明年比赛的时候，我也能参加个人展示了。

第二项比赛是自选题目背诵，限时两分钟。听到这里我的心已经提到了嗓子眼儿了，因为我要参加这项比赛。这项比赛对我来说，难度还挺高的。万一想不起来怎么办？万一说错了怎么办？我的心已经快停止跳动了，手也开始发抖，可当我看到妈妈鼓励的眼神，我就又放松了，也不再害怕了。该我上场了，裁判开始计时。我一直背一直背，没有停下来，一首首古诗就像一棵棵小芽一样，从记忆里长出来，可我还没背完，时间就到了。我下了台，妈妈抱了抱我，说我表现得非常棒，我心里乐开了花！

古诗诵读比赛现场

接下来的三项比赛也非常精彩，我觉得大家都把自己最高的水平展示出来了。特别是李老师给我们加了一个小小的游戏环节。我在台上带领大家，我背上一句，大家接下一句。台下的同学齐声背诵，那声音大得都快把屋顶给掀翻了。这个游戏真是太有意思啦，把我们的活动推向了高潮。

比赛结束了，我们评出了一、二、三等奖，每个同学都得到了礼物。我得到了一个小娃娃，头上戴着粉色的帽子，怀里抱着小熊，真是太可爱啦，我非常喜欢。最后，五位主持人上台为大家送上祝福，希望我们明年再见，那时候，我会向大家证明我更棒的。

我们共同努力，构建属于自己的班级生活，给孩子一段幸福、快乐的童年旅程。这次古诗诵读比赛将会沉淀为他们永恒的童年记忆。

教育手记

班级活动能够凝聚人心，能够历练学生。组织班级活动，我特别注重活动的意义和活动的仪式。活动的目的是育人，让孩子们经历一次就应该直抵他们的心灵，成为影响他们、改变他们、激励他们的重要事件。因此，这样具有文化传承意义的班级活动往往会成为他们永恒的记忆。

传统文化是民族思想文化的根本，是民族智慧的精华。传统文化经历了岁月的考验和提炼，留下来的精华闪耀着民族智慧与民族精神的灿烂光芒。如果一个民族在发展中缺乏了自身的传统文化，那么这个民族也就无法立足于世界之林。将传统文化融入班级生活中，让文化在传承的过程中得到碰撞与发展，是当下教育的一种责任。在班级生活中，要让学生了解传统文化、传承传统文化，让自己与民族文化找到共鸣，不断强化自身民族文化的自信心与认同感。

传统节日，溯源民族文化之根

2018年12月22日是冬至节气，“冬至”是一年当中白天最短、夜晚最长的一天。俗话说，“冬至到，吃饺子”。为了让孩子们从传统的节气时令中感受到中国的传统文化，同时也为孩子们的小学生活留下五彩的记忆，我们班决定冬至节气提前过——周五晚上包饺子。与此同时，校本教材的180首古诗我们班从秋天背到冬天，随着冬至的到来也画上了圆满的句号。为了检测同学们古诗的背诵情况，两个活动便整合在了一起，此活动命名为“温暖的饺子，火热的古诗”。

传统文化的回归要找到传承的载体，并让同学们参与体会。没有仪式感的节日，文化的味道就会淡化。在决定开展此次活动之前，我让同学们进行了相关的学习，首当其冲的就是了解冬至吃饺子的来历。冬至是严寒时节，古代人以食取暖，以食治病，流传到现在就变成了我们的美食传统。现在食物丰富，吃饺子已经变成家常便饭。但对孩子们来说，从食物中了解节气，了解中国文化，是一个很好的切入点。同学们通过查找资料了解到，这个习俗可以追溯到东汉末年。当时，一个叫张仲景的名医老来还乡，发现家乡正在经历严重的冰冻灾害，很多人身上都生了冻疮，尤其耳朵冻得最厉害。张仲景将羊肉和各味中药掺在一起，做了一道名叫“娇耳”的美食，人们吃下后浑身发热，血液通畅，两耳变暖。吃了一段时间后，人们的烂耳朵就好了。时间长了，“娇耳”这个名字就变成了“饺子”，还因此流传了一句顺口溜：“冬至不端饺子碗，冻掉耳朵没人管。”现在人们在冬至吃饺子，以纪念张仲景开棚舍药和治病救人的故事。

这一次包饺子活动，我们决定自己包饺子，吃独立自主的饭。之所以提出这样的要求，是因为我想通过此次活动锻炼学生的独立自主能力，同时也要在他们心中培养自我劳动的意识。全国教育大会上习总书记提出“德、智、体、美、劳”全面发展的教育理念，但“劳动”在当下的教育教学活动中是短板，课程的弱化、家庭的软化、学校的淡化，使孩子们处在一种不劳而获的状态中。我认为，劳动的意识和独立自主的能力是孩子们踏进社会的必备品格和关键能力之一。决定开展活动后，同学们准备了一周，让父母教包饺子，在家提前练习。经过一系列准备后，周五晚上同学们带来了自己喜欢吃的饺子馅，家委会成员负责现场制作饺子皮，每位同学都独立完成满足自己食量的饺子。为避免孩子们烫伤，由家长志愿者负责煮饺子。我原以为这一环节可能有些同学无法完成，另外还准备了其他方案。但结果出乎意料，笨拙的男同学现场请教了心灵手巧的女同学，女同学则从开始填馅儿，到如何捏紧饺子皮，一步一步地耐心教导。刘籽加同学发挥新创意，把饺子包成一个个飞碟的形状，我估计这孩子可能不会把一个饺子皮对折包起来吧。再看看常晨阳同学，包出的饺子根本无法站立，一个个都是躺在案板上的，大的比小的大两倍。经过半个小时的努力，同学们的作品形状千奇百怪、大小不一，但总算顺利完成。不一会儿，热气腾腾

同学们包饺子的场景

的饺子出锅了，瞬间楼道里飘满了浓郁的香味。因为大部分学生是第一次独立包饺子，显然吃起来别有一番滋味在心头。这顿饺子包出了同学们的独立自主能力。

全班四十几名学生，饺子馅的味道就有四十几种，我和另外两位老师把每位同学的饺子都品尝一个也就吃饱了，这顿特殊的饺子宴五味俱全。同学们显然兴奋不已，有心的家长志愿者带了五彩的饺子皮，心灵手巧的女同学便包出了颜色各异的饺子，像是一盘盘艺术品。看看王梓瑞同学包出的绿色的、黄色的饺子，整齐地排列着，非常有艺术美感。再看看刘钰姝和刘玉媛这对孪生姊妹的成果，尽管参差不齐，但也有列队士兵的风范。煮熟后的五彩水饺，似乎更具有诱惑力，你品尝我一个，我品尝你一个，几乎每位同学都尝到了十几种味道的饺子，交换品尝的过程吃出了浓浓的同学情。参与活动的家长志愿者第一次吃到了孩子为自己包的水饺，虽然外形不够美观，但当两人在这个特殊的日子里共同进餐的时候，那吃的不是一顿饭，而是一份浓郁的亲情。大家在享受美食的过程中，没有忘记分享自己的快乐，传递班级的幸福。同学们把饺子送至教师办公室，让其他老师分享饺子的美味；把饺子送至门卫处，以表示对门卫老爷爷的感谢。这一顿班级饺子宴，使和谐的班级味充满了整个教室，浓郁的饺子味飘出了走廊，氤氲到了校园的角角落落。

冬至未到，饺子已飘香，浓浓的情意化为孩子们童年美好的记忆。这一抹浓香的记忆王梓瑞家长深有感触地写下了这样一篇文章：

2018年的冬至，我们这样度过

2018年的冬至，注定是一个不平凡又难忘的日子。热热闹闹地包饺子，紧张激烈地赛古诗，每一项活动都散发出浓浓的传统佳节气氛，我们东凯小学五年级八班的全体师生和家志愿者长脸上都洋溢着灿烂的笑容，而大家的欢声笑语更是温暖了冬季的整个校园。

周五下午一放学，十几个家长志愿者全部来到学校，带来了早已准备好的水饺馅和面团，还有包饺子要用到的所有工具，只等李老师一声令下。包饺子的“战斗”终于打响了，课桌被包上保鲜膜，秒变工作台，所有用具都摆上了桌面，家长们擀皮，孩子们包，各就各位，各司其职，饺子就这样紧张有序地包起来了。还真是别小看了孩子们的动手能力，不一会儿，孩子们的面前就摆上了各式各样的饺子。说各式各样一点也不夸张，有大的小的，胖的瘦的，有褶的没褶的。我还准备了用南瓜和菠菜和的面团，所以又有了黄色和绿色的饺子。有的同学还发挥想象，包出了不同形状的饺子。一个个东倒西歪的饺子，都透着孩子们的顽皮与淘气，真是可爱极了！

水烧开了，要煮饺子了，孩子们又馋又饿都等不及了。六口大锅火力全开，不一会儿，热气腾腾的饺子就出锅了，孩子们终于吃到了自己亲手包的饺子，吃得别提有多香了。孩子们把饺子分享给老师、家长和好朋友，这份浓浓的师生情、亲情和友情在我们身旁流淌着、传播着，升华了整个活动的意义。按照李老师的要求，这次的饺子一定要孩子们自己动手包，不允许家长帮忙，自己包成啥样就吃啥样的，要让孩子们亲身体验一下劳动，积累劳动经验，收获劳动的乐趣。如果自己实在不能解决温饱问题，那就用古诗换饺子，背一首古诗换一个饺子。这样的办法还真是妙。我非常赞同，孩子们都十多岁了，是该让他们多多参与劳动了，家长包办太多，实际上是剥夺了他们学习和成长的机会。最后，结果是令人满意的，没有一个孩子包不出饺子来，所有孩子都圆满地完成了任务，我为孩子们点赞。

大家吃饱喝足后，古诗大赛开始了。一百八十首古诗，整整一本书，孩子们在李老师的带领下，用了不到四个月的时间全部背完了，这真的不是一件容易的事情。我们可以想象，孩子们有了这么大的古诗储备量，将来学习语文时该是多么如鱼得水，游刃有余。在比赛场上，孩子们的表现更是让人欣喜和赞叹。他们个个争先恐后，信心满满。李老师精心设置了多种多样的比赛形式，从不同角度考查了孩子们的背诵质量，与其说这是一场比赛，倒不如说是李老师的一节高品质的古诗语文课，让台上台下的同学们和家长们都一起学习，受益良多。

因为五年级是小学的最后一年，所以我们不想让孩子们留下什么遗憾。我们抓住一切机会，为孩子们组织活动，丰富他们的校园生活。更是因为有了我们可爱又可敬的李老师，孩子们的很多心愿才得以实现，能力得以锻炼和展现。这些活动也大大激发了孩子们的学习兴趣，提高了他们的学习品质和成绩。

2018年的冬至，是我们五年级八班的特殊节日，它将留在我们的心里，成为美好的回忆。

教育手记

有人问苍鹰：“你为什么到高空去教育你的孩子？”苍鹰回答道：“如果我贴着地面去教育他们，那他们长大了哪有勇气去接近太阳。”为此，班级活动就应该到“高空”去组织，这个“高空”指的是学生能力的高空。只有在这样的“高空”中历练，学生才能积蓄接近“太阳”的能力。这次活动选择在这个节点，是因为冬至是一个传统节日，可以让活动裹挟上传统文化的味道，让孩子们拥有更多的文化认同感。

元宵花灯，让传统文化教育回归

过年赏花灯、看民俗表演是流传已久的习俗，这些承载中华优秀传统文化的习俗营造出了浓浓“中国年”的味道。东营黄河口民俗文化节以优秀民俗文化、花灯文化为主题，可作为我们班级寒假实践活动的首选。对于节日文化的学习，我们需要这样的载体，也需要这样的仪式。我们班级实践活动定在元宵节这一天举行，是因为元宵节是灯节，同学们可以去黄河口民俗文化城赏花灯，体验地方传统文化。在实践活动中，我们可以了解元宵节的来历、元宵节相关的民俗文化，以及文人墨客写给元宵节的诗词歌赋。

黄河口民俗文化艺术城的花灯艺术展由38组大型灯组成，火红的花灯不仅营造出如梦似幻的视觉空间，也寄托了人们吉祥、美满、幸福的新年愿望。花灯艺术展区正对大门口的是一只金犬拜年的花灯。今年是农历狗年，灯展主题突出，民俗文化味道浓郁。狗年花灯拉开序幕之后是一组展现中华传统文化的京剧脸谱灯。京剧是我们的国粹艺术，安排它领衔灯盏别有一番用意。接下来是我们的地方戏种——吕剧的一组花灯，惟妙惟肖的人物扮相立刻让游客入戏。吕剧是我们的地方戏，是乡土文化的代表，是东营人应该熟知的文化根脉。接下来的花灯有展现城市发展愿景的，也有展现城市文化的，花灯形态各异，造型奇特。最受同学们喜爱的还是那些动画片主题的花灯，如《疯狂动物城》《喜羊羊与灰太狼》《熊出没》等，大家纷

元宵节与同学们参观花灯展

纷驻足与之合影留念。调皮搞怪的男同学做出各种滑稽可笑的动作与各式各样的卡通动物花灯一同收入了照相机的镜头。可惜的是我们不能在夜晚欣赏到这些花灯的绚丽实属遗憾，要不然那些向日葵花灯一定会向我们微笑，那些太阳花花灯一定会为我们绽放绚丽的色彩，“东风夜放花千树”的美景一定会沉淀成美好的记忆。走走看看，听听说说，我们徜徉在花灯世界中，了解元宵节的有关知识，感受优秀的民俗文化。这个元宵节给孩子们的童年增添了一抹浓郁的记忆。

传统文化教育的回归成为当下学校教育的主旋律，然而真正让传统文化回归、树立中华民族的文化自信，让孩子们寻觅到优秀中国文化的根源与精髓，必须有适合的学习与实践载体。缺少传统文化的载体，学习是空洞的；缺乏仪式感的传统文化体验，实践是虚无的。为了真正了解传统节日中蕴含的优秀文化，让孩子们置身其中是最好的学习方式。正月十五虽然还在假期，但是我们本着放假不休学的思想，开启了新的学习模式——研学旅行实践活动。我们充分利用假期，从书本走向实践，从学校课堂走向社会课堂，在研学旅行的路上追根溯源，在丰富学生假期生活的同时，开阔他们的视野，提升他们的素养。

教育手记

教育应自然地发生，就如把孩子们带到元宵节的花灯展现场，花灯的历史渊源、花灯的历史演变、花灯制作的非遗文化、花灯的历史故事与传说、花灯蕴含的传统文化价值都体现在一盏盏形态各异的花灯上，而这些在容量有限的课本中是很难寻觅到的。这种班级生活不仅让同学们拥有了丰富的学习资源，而且也对学生渗透了传统文化的教育。

翰墨书香，班级生活中的文化味道

书法是中华民族的传统瑰宝，也是极具中国特色的一门艺术，可以引领学生走进横平竖直、方方正正的方格之中，领悟到学做方方正正中国人的内涵，体会深远流长的中国文化，所以这是一门具有深远意义的课程。孩子也许能从这飘香的翰墨之中嗅到民族的味道，从这方正的汉字之中觅到中华的文化，从此埋下做好中国人、讲好中国故事、编织好中国梦的种子。为此，书法教育更应该做实做牢。

以书法为载体做好育人文章。书法立志，翰墨育人；书香墨韵，人生感悟；儒家之风，洗尽铅华。学好方块字，做好中国人，书法就是非常好的育人载体。以字立人，培养学生严谨、谦让、和谐的品质，让学生懂得爱与责任，增强学生的集体荣誉感和团队意识，培养学生正确的价值观和人生观。课程改革的根本任务是立德树人，而书法课就是完成立德树人根本任务的有效途径之一。

以书法为途径建设班级文化。班级文化是班级的内生力量，它的价值在于引领，在于内化，在于熏陶。构建书香班级，就是充分发挥书法艺术的内涵和价值，使其释放魅力，让书香班级更有文化味道和底蕴。

以书法为媒介传承传统文化。让学生能够望得见山，看得见水，记得住乡愁，离不开传统文化；让学生具有社会主义核心价值观，成为社会主义事业的合格建设者和接班人，离不开传统文化。然而传统文化的传承需要找到合适的媒介，找准能够承载起传统文化这一内容的渠道，那么书法就是极具代表性的一种。嗅着浓浓的墨香，“翰墨育人奏华章，传统文化渊源长”的愿景不禁涌上心头。

我是一个书法爱好者，又加上当下教学的需求，开学之初我便和家长约定，本学期准备开启孩子们的书法之旅。鉴于教室狭小和课桌窄小，毛毡、墨汁等必备物品无法铺开，而且对初学者来说，使用这些东西时一定会是一片狼藉，经过暑期考察，我已经找到了解决问题的方案。当下书店里有一种字帖，是用一种布做的，可以用水写。字帖上面印有笔画的行笔书写方法和字体结构，还有可以描红的空心字。这样一本字帖既解决了使用毛毡等繁杂物品时可能出现的问题，同时也解决了初学者无从下笔的困扰，经过几周的练习，效果甚好。

和孩子们畅游书法艺术的海洋，是一种文化的熏陶。书法艺术承载着中国文化和历史，学习书法的过程就是畅游文化、历史时空的过程。让孩子们练习书法，不在于孩子们人人都可以成为小书法家，而在于这个静心的过程。书法养性，不无道理，如果一个人内心不够安静，是无法练习书法的。心静也是一种学习的必备习惯，大吵大叫的学生很难成为优秀的学生，因为他缺乏静心思考的习惯。练习书法能让学生静心、养性。经过几周的练习，我们的班本课程没有了叫嚷的喧哗声，只有毛笔与书写布的摩擦声，尽管现在还没有墨香，但已有了几分书法的味道。这种味道体现在学生已有的兴趣，表现在学生学会了握笔，展现在学生感受到笔尖划过的快乐。

让孩子学习书法并不都是奔着书法家去的，就像我们读诗、写诗不一定都梦想长大成为诗人一样，但是通过这样的教学我们给孩子留下了一颗有无限可能的种子，埋下了中国传统文化的根基。构建属于我们自己的班级生活——书法课程，其实就是给孩子们一种引领、一个机会、一个启迪。翰墨书香，班级生活中应有的文化味道。王梓瑞同学在作文《我爱毛笔字》中写道：

我小的时候，经常从电视上看到，一位白发苍苍的老爷爷，头戴一顶圆圆的毡帽，鼻梁上架着一副老花镜，身穿长袍，手握一根长长的毛笔，沾上黑黑的墨水后，在纸上龙飞凤舞，写了一些奇形怪状的字，让我感到非常神秘。我觉得写毛笔字是老爷爷才能做的事情，离我们小孩子太遥远了，没想到我现在已经在李老师的引领下操练了起来。

哎，这可真不像写硬笔字那么轻松，硬笔的笔头很硬，很好控制，可毛笔的笔头软软的，一不小心写重了，墨向外晕染，就会又黑又丑，难看极了。可每当我看到墙上老师写的漂亮作品时，我就想：我也要写得这样漂亮。因此，我又重拾信心，开始练习我的毛笔字。

王梓瑞同学和她的书法作品

我认为能写好毛笔字是件非常让人骄傲的事，它是我们传统文化的精髓，几千年以来一直展现着它独有的艺术魅力。巨幅的毛笔字作品，让我们感到震撼，磅礴的气势跃然于纸上；娟秀的小字，又让我们看到了它精致的美，不禁感叹书法家的水平如此之高。

毛笔字里寄托着我们中国人的情感，有喜事的时候，我们总能看到毛笔字的影子。比如春节、结婚时，大家会贴对联，贴“福”字，贴“喜”字，装扮出浓浓的节日气氛。

总之，我爱毛笔字，更喜欢写毛笔字。作为一名中国人，我一定要练好毛笔字，为传承中国文化贡献一分力量！

教育手记

教育的艺术不在传授，而在鼓舞和唤醒。两年前给孩子们开设书法班本课程，初心就是唤醒他们对书法艺术和传统文化的热爱。两年之后的毕业典礼上，孩子们送的最多的礼物是一幅幅装裱好的书法作品，这就是唤醒的成果，这就是班级生活文化味道的回赠。

生活需要仪式感，它是你热爱生活的一种方式。同样，班级生活也需要仪式感，因为仪式感的意义在于塑造学生心灵，而不是灌输教育思想。班级生活中日常固定的小仪式，可引导学生心生敬畏，追求崇高，让学到的一些知识内化于心，外化于行，让他们的心灵更纯净，灵魂更高尚。

操场生日会，让我们的童年不一样

春天已至，新的生命在孕育，新的希望在萌发，这几天瓦蓝的天空给了我们一个不一样的早春。在这片蓝天下，在这欢声笑语的校园里，还有一群不一样的小小少年——五年级八班的孩子们。

3月14日，这个普通的日子，对于我们班级来说有些不一样。邓玉茜、倪郁涵和杨世宇三位同学的生日都是这一天，如此巧合就是缘分，既然不一样，我们就让这个日子和昨天、明天都不一样吧。只有不一样的日子，才会留在我们的记忆里；只有不一样的日子，才会成为我们成长的阶梯；只有不一样的日子，才会沉淀为我们童年美好的回忆。

昨天，邓玉茜同学问我她能否在学校里过生日，其实我是迟疑的。一是这几天的语文课有些紧张，二是有些同学还没有彻底养好“假期综合征”，不太适合搞班级活动，否则这些小家伙们还没安定下来的心会再次飞扬。我又一想，三个孩子一起过生日，真的很难得，于是我决定“牺牲”一节语文课，为孩子们举办一个生日会。瓦蓝的天空，和煦的春风，暖暖的阳光，校园春光浓似醉。3月14日，我们在操场上举行了生日庆祝活动，蓝天见证，春风伴舞，春光环绕，同学们无不欢呼雀跃。三个大蛋糕一上桌，同学们的热情立刻高涨起来，引得其他上体育课的班级同学投来羡慕的目光。这样的场合，这样的仪式，注定我们不一样。是啊，谁家的生日会会在操场上举行呢？我们这样的活动很罕见，在大好的春光里，在美好的童年中，我们放声歌唱，让快乐与蓝天共享，让欢笑与春光共舞，让教育氤氲在我们的活动中。

五年级的孩子的确长大了，活动流程不再需要我安排，我只需要安排时间即可，他们完全可以自己组织。自己组织活动，这是历练，也是成长。今天他们自发组织的活动，给了我一个不一样的惊喜。蛋糕一上桌，姜智勇的萨克斯便吹响了，同学们不约而同地为三位同学唱响了生日歌，活动似乎没有过渡环节，直接掀起了高潮。荡漾在操场上空的祝福成了“催泪弹”，邓玉茜泪涌，杨世宇飘泪，倪郁涵感动得泣不成声。生日歌唱过，周志蕊为三位同学送上了一份精美的礼物。接下来姜智勇吹响了《我们不一样》的旋律，大家和着音乐放声歌唱，歌声应景：“我们不一样，不一样，虽然会经历不同的事情，我们都希望，来生还能相遇……”同学们的歌声一响起，我差点泪奔，“四十之年将过一，春光回施少年人”。

操场生日会

在操场上，我们不一样的生日活动，独占春光最多处。常晨阳同学没有绷住，真是春风悠扬欲来时，泪水闲放润草坪。于是，我让他拿出自己准备好的吉他，弹响了《童年》的旋律，同学们再一次高歌“池塘边的榕树上……”校园的操场上，春光，春光，正是拾翠寻芳；五八，五八，正是快乐徜徉。

校园是学生成长的地方，是生命丰腴的沃土。孩子成长不仅需要汲取知识的营养，更需要汲取情感的营养。我们班级不一样，因为我总觉得孩子们在校园的成长更需要沉浸在一个情感温暖的集体里。在人文浓郁的环境中浸泡过的孩子们懂得感恩、学会分享、明孝道、知礼仪、情感丰富。一场活动晃春光，在三个人的童年记忆里种下了美好，在全体同学的心中播下了快乐，在我的教育生活里栽下芬芳。

我们不一样，只是为了你们的明天和未来。邓玉茜同学以文记之：

这一天是我期待已久的一天，也是令我终生难忘的一天。今天李老师要为我们三个同一天过生日的同学举办一场别样的操场生日会。第三节课后我和倪郁涵、杨世宇匆匆忙忙地赶到学校门卫处，一人拿了一个大蛋糕向操场走去。这一路上引来了其他班级同学羡慕的眼光。“这都是你们班的吗?”“你们三个是同天生日吗?”“给我们班一个吧?”

此时，我心里想：你们想得美。到了操场上，三个大蛋糕一亮相，姜智勇和常晨阳立刻奏响了生日歌，周志蕊为我们每个人送上了一个小笔记本。偌大的操场上李老师组织全体同学共同唱起了《我们不一样》，自此拉开了特别生日会的序幕。正当同学们唱得起劲的时候，不知怎么的，我鼻子一酸，视线模糊了，泪水就如断了线的珍珠似的滚出了眼眶，抱着旁边的王思怡就哭了起来。旁边的杨世宇感动得早已泣不成声，倪郁涵的眼圈也红了。幸亏机智的李老师缓和了我们感动的气氛，提出开始分蛋糕。吃蛋糕时，有的同学狼吞虎咽，有的同学调皮地往其他同学脸上抹奶油，还有的同学——比如我，追着数学老师往他的脸上抹奶油，可听到一声“谁抹我奶油给谁加作业”几个字时，我就立马怂了。当然，李老师，我是真不敢去抹他的脸的。

操场上，其他上体育课的同学在跑圈，而我们却在这里快乐地嬉闹，享受着我们三个人独有的生日大餐。操场上，蓝天、白云、正在嬉闹的我们，还有李老师，这些不曾有、不再有的事和人，清晰地印在了我十一岁生日的记忆里。

教育手记

如果教育未能触及学生的灵魂，未能唤起学生内心的感动，那么就不能称其为教育。有一种触及人物灵魂的方式叫做仪式，这种方式会直抵人的内心。育人在一定意义上说就是育心，正因为拥有了一个不一样的童年，他们的灵魂才会被感动，他们的童年才会更美好，这就是成长的快乐!

开学仪式，增添一抹童年的回忆

法国童话《小王子》里说：仪式感就是使某一天与其他日子不同，使某一刻与其他时刻不同。在教育生活中，我特别注重仪式，因为只有仪式感，才能让孩子们放大一种情绪，让缱绻在岁月中的日常琐碎变成充满感动的细水长流，让孩子们多一份童年美好的回忆。

9月3日是新学年开学的日子，我早早地来到学校，准备迎接孩子们的到来。过去我都是每天早早到教室等待孩子们的到来，今天不一样，因为是开学的日子，需要一点仪式。于是，一到学校我就站在了教室门口，微笑着等待同学们的到来，开启五年级的新生活。伴随着学校广播传出的优美音乐，同学们在走廊的尽头转角就看见了我，我笑着向他们招手。一个假期没见面的孩子们兴奋地喊着“李老师好”并向我奔来。经过一个暑假的休整，他们有的长高了，看看王语菲那近乎七分的校服裤子就知道了；有的变胖了一些，看看岳修宇那腆着的“将军肚”就明白了；有的变了发型更加精神了，瞧瞧张杨慧茹那一头随着跑动而上下翻飞的短发就知道了……仪式不一定要轰轰烈烈，班主任在教室门口迎接，一抹微笑，一次拥抱，一个击掌，便拉开了新学年的序幕。仪式会温暖一个心灵，会成为一份美好的回忆。

在开学的日子里，王梓瑞同学依然没有忘记我们班级“分享”的良好传统，她从遥远的青海为大家带来美味的奶酪，按照惯例分享给了每一位同学。今天是开学的第一天，分享的这一份礼物更具有特殊的意义，不仅给同学们带来了一份惊喜，更重要的是预示着“分享”这一良好班级传统会在新的一学年继续发扬。其实，一种行为或思想，经过时间的洗礼，能真正内化为自己内心的思想意识，转化为个人品质，成为个人素养，这便是教育追求的最高价值。王梓瑞同学的行动诠释了我对个人品质和素养的认识。

迎接到王思怡同学时，她给了我一张自己制作的“开学啦”手抄报，画面构思精美，中间密密麻麻地书写了自己对新学年的盼望，以及个人在新学年的打算。最让我感到温暖的是，她写到了今天是开学的日子，妈妈特意给她包了饺子吃，并且每次开学都是吃饺子。中国人讲究过年吃饺子，那是一年当中最重要的节日。开学吃饺子，我想这位家长一定是把孩子开学的日子看得和春节一样重要。这样的一种仪式足以让孩子感受到开学的重要性，于是王思怡同学写道：“吃了饺子，心里暖暖的。”感谢这位具有仪式感的妈妈，能够把开学的日子看得这样重要。其实我能看出这位妈妈既然会把开学的日子看得非常重要，也一定会把孩子每一个学习的日子都看得特别重要，因为她重视孩子学习与成长的每一天。

王思怡同学的手抄报

教育手记

假如成长没有仪式，成长的记忆如何安放？假如成长没有记忆，孩子们的童年如何回忆？村上春树说：“仪式是一件很重要的事情。”仪式感提醒我们生活之外还有诗意。加一点仪式感，如同在生命的长河里做个标记，日后回首，满怀感激，热泪盈眶。

评价“完美”，一个最美的休止符

今天下午学生期末考试全部结束，这就预示着寒假模式的开启。伴随着学生叽叽喳喳声音的消失，空荡荡的教室里只留下了桌椅，我的心也变得空空的。因为这里的故事将会随着孩子们的暂时离开而消失，而我是一个离不开故事的人，所以演绎故事的人走了，也就带走了我的心，空荡的教室留给我些许的失落。学生放假离开学校，尽管教师还没有正式放假，依然签到签退，但紧绷的那根弦放松了，不需要再担心上课的教案，不需要再担心活动的组织，不需要再担心还落下什么上交的材料，不需要再担心没准点到教室的学生，不需要再担心雪天坐校车的学生……但是，所有的担心都从心头卸掉时，内心真的很失落。

当这种失落萦绕心头的时候，周思霖同学临走前的一句话戳中了我的泪点。她说：“这一学期过得真快，今天放假还真舍不得离开。”孩子的这一句话是对我这一学期工作最高的奖赏与表扬。这一学期其实很长，足足有23周，但我没有觉得岁月漫长，也许是因为我有快乐的班级生活和兴奋的教学状态。其实这一学期我还感觉有些力气没用完，所以不仅是学生不舍得离开我，我更舍不得离开他们。我读书，他们就读书；我兴奋地讲，他们就如痴如醉地听；我故作神秘地给他们讲故事，他们就吃惊地张大嘴巴，课上听不够，课下依然围着我叽叽喳喳地问这问那……这些场景构成了我工作生活的重要部分。我经常陶醉于他们朗朗的读书声中，经常开心在他们纯真的谈笑里，经常幸福在他们取得好成绩时，经常享受在他们的快乐成长中，经常欣喜在他们那些让人意想不到的惊奇中……这样的氛围，这样的生活，构成了我的精神世界，就像我生命中的空气一样重要。

这一学期，班主任工作我做得很尽力。23周，115个工作日，我每天7点10分左右到教室，同学们无论是早上还是下午，迈进教室第一眼看到的就是我。天天是这样，周周是这样，月月不变样，他们慢慢养成了入室即读、到校即学的良好学习习惯。教室里从前的吵闹声消失了，取而代之的是早晨朗朗的读书声和中午安静的阅读时光。日积月累，他们沉淀了一定的阅读量；天天坚持，他们养成了阅读的习惯；行走在字里行间，他们迈向了经典阅读的大门。这种阅读习惯与素养的养成是我们班级这一学期最大的收获。

这一学期班主任工作我做得很尽职。俯下身子，栽进教室，我愿意和同学们在一起，一起学习，一起思考，一起运动，一起游戏。在一起就是最好的陪伴，这种陪伴也是一种享受，因为在陪伴的过程中，发生的故事会让我感到充实与快乐。这一学期，我们共同构建了属于自己的班级生活，一沓古诗书签，一本阅读“存折”，记录了我们满满的成果，最后在新华书店举行了一场古诗诵读比赛，给他们的童年打下了深刻的烙印。放学路中我们踏诗而行，课间活动我们和诗而息。经过秋季，越过冬季，无一日不背，无一趟有间歇。正如一位接送孩子的家长所言，只要听到朗朗的诵读声就知道四年级八班的队伍走过来了。这成为我们班级的特色，成为学校中一道独特的风景。坚持让我们有了收获，坚持让我们有了成长。姐姐对弟弟诵读的古诗数目瞠目结舌，家长对古诗诵读比赛中孩子能对答如流感到不可思议，这一切都印证了我们的收获。这一学期，我们和古诗有个约会，古诗成为同学们积累中国优秀传统文化的良好载体。

这一学期班主任工作我做得很尽心。我的尽心换来的是孩子们的成长与改变。这一学期班级彰显的浓郁学习氛围和孩子们高涨的学习兴趣，就是班级的正能量。在这种氛围中，孩子们奋勇争先：有的学困生找到了自信，一跃步入优秀生行列；有些习作难的同学在作文考试时都要求加附页；有的同学开始创作自己的文学作品，并在班级中拥有了数量众多的粉丝。这一切的变化是学生对我尽心努力的最好回报。我用尽心思营造学习氛围，想尽办法激发孩子们的学习积极性，那是因为我知道所有的外力推进都不能彻底改变学生的学习轨迹，只有调动他们的主观能动性才能真正改变他们的学习状态。为此，班级管理中，我采用发放学币、图书奖励、研学旅行等一切手段来激励他们。隔壁班级的老师评价说：“你们班这学期的学习状态真好！”这一学期孩子们身上有了明显变化与成长，家长也深有感触，表示认同。

这一学期班主任工作我做得很尽责。我们班的学生感到骄傲，是因为学生体验到了我们班级特有的班级生活。秋游黄河口、冬旅童书展，学生开阔了视野，增长了见识。班级独有的这些活动让学生拥有了自豪感，也更加热爱自己的班集体。活动不仅在学生童年记忆中留下了温馨的回忆，还会让学生从中汲取成长中的营养。

尽力、尽职、尽心、尽责，对我来说都是分内的事情、本职的工作，能换来学生快速地成长就是我最大的成绩。王语菲同学学期末写给我的留言这样说：“李老师，如果让我给你评价，那我的评价就是‘完美’！”

教育手记

“何妨云影杂，榜样自天成”，显然，榜样是看得见的哲理。你若读书，孩子们自然喜欢阅读；你若工作尽职尽责，孩子们自然会严格要求自己；你若为班级尽心尽力，孩子们自然就会以你为榜样。放假了，心存仪式，梳理、反思，都是为了明天更好地出发。

班级生活过出人情味

所谓的人情味是班级文化的另一个方面，我希望班级生活中始终充盈着浓郁的人情味。我所理解的人情味是善待每一个学生，关爱每一个学生，学生之间互相友爱。班级生活拥有人情味，首先是让学生学会热爱生活，其次是让学生学会感受爱、奉献爱。卢梭说过:“凡是教师缺乏爱的地方，无论品格还是智慧都不能充分地或自由地发展。”可见，爱是成功教育的前提，爱是一种浓厚的人情味。

昵称“奶爸”，记忆深处的那份爱

一个暑假过后，我发现孩子们都长高了一大截。多年的教学经验告诉我，在这两个月里，孩子们吃得好睡得足，是身体拔高的主要原因。如果回归以人为本的教育初衷，我想孩子们首先要有一个健康的体魄，这才是人生的基础。知识学习是孩子们成长的一部分，身心健康更是他们成长的重要部分。

经过一段时间的观察，我发现上午第四节课的课堂效果最差。原因其实非常简单，就是孩子们此时已经身心疲乏，饿得饥肠辘辘。在这样的情况下，学习效果肯定不佳。孩子们早上七点左右吃早餐，到校之后早读，接着连续上三节课，其间还有三十分钟的大课间，到第四节课开始时已经接近十一点了，此时距离早餐时间接近四个小时。不要说孩子们，就是老师上午上完早读和两节课之后，如果再遇到听课或代课的情况，到第四节课时也难以招架饥饿困乏之苦，何况是一些十多岁的孩子呢！在这个档口，如果孩子们能够有一袋热牛奶充饥，对他们来说无异于雪中送炭。这不仅有利于缓解孩子们的饥饿困乏，从长远来看对孩子们的健康成长也十分有益。于是家长会上我提出给孩子们订奶的建议，立即得到了全体家长的一致赞同。

于是，家委会迅速落实了课间一包营养奶的计划。其中，最重要的是奶源质量要把好关，因为食品安全事关重大。常晨阳家长是一所幼儿园的负责人，奶源由她落实，和幼儿园是同一个供应商，所供应的是学生专用牛奶，零添加剂，绿色食品。收费由专业会计周思霖家长负责，合同内容由专业法官李文康家长把关，签订合同等事宜由刘钰姝家长全权负责。至于鲜奶在学校如何储存，供奶企业负责提供一个冷藏柜。所有准备工作家委会有条不紊地推进，几天工夫计划全部落实。尽管每项工作家委会都经过了深思熟虑、细致安排，但作为班主任的我其实内心还是十分忐忑的，毕竟食品安全责任重大，万一出现问题，学校问责，一个人根本承担不起。同事劝我多一事不如少一事，四年都过来了，营养也不差这一年，再说五年级孩子大了，更没必要。这确实是事不大，责不小。现如今，无论大事小事，没点担当意识和责任心还真难做成。我是班主任，也是一名五年级孩子的父亲，每当看到女儿上午放学回家饿得饥肠辘辘的样子，我就能想到同龄的孩子回到家是什么样子。女儿身体成长所需也是同学们的身体成长所需，担着一种父爱的责任，我决定“冒险”……

一切准备就绪，国庆节假期后订购营养奶的计划正式开始。从这一天开始，我便成了同学们的“奶爸”。订购的牛奶是零添加剂的，必须在2～6摄氏度低温保存，饮用时要用温水加热，于是我便承担了为孩子们热牛奶的工作。其实工作还不止这一点，热完牛奶我还得监督同学们及时喝完，如果不及时饮用，牛奶就会变质。家长买来水桶，我买了一根塑料软管，接到饮水机上，50摄氏度的水恰好符合热奶要求。第一天热奶，热水加入桶中，结果水桶下面的奶根本不热。因为牛奶数量太多，水温迅速就下降

课间同学们在喝牛奶

了。这可如何是好？于是，我改变方法，把水管压在牛奶底下，热水流出来时也就先热了底层的，这样就不会出现底层牛奶凉的问题了。重新放入热水，加热效果果然明显。第一次热奶，竟然还热出了名堂！

课间，同学们如愿以偿地喝上了热牛奶，他们那近乎“贪婪”的样子，透露着孩子的天真与可爱。这就是孩子，司空见惯的东西出现在他们最需要的时候，就拥有了特殊意义。周思霖同学叼着奶袋子，美美地享受着醇香的牛奶，走到我身边悄悄地对我说：“老师，我觉得在我们班真幸福！”瞬间，我那颗忐忑的心掠过了一丝安慰。这就是教育，给学生提供充分的适当条件。叶圣陶先生早有论述，教育如同农业。教师就是在教育事业田间工作的知识农民，而农民的哲学是“一年之计在于春”，孩子的童年就是他们人生的春天。在春天，不能耽误他们的成长，要给予他们成长的营养，这个“奶爸”我当定了。

“奶爸”这个称号是孩子们送给我的，这将沉淀为他们永久的记忆。有位同学在《二十年后回故乡》一文中这样写道：

丁零零，丁零零。上课铃又响起来了，我软弱又无力地趴在桌子上，听老师滔滔不绝地说着一串又一串英文字母，可我的心早已飞到家中香喷喷的饭菜上了。这时我想，要是有包热牛奶就好了，这让我不免想起我的小学语文老师李老师。

那时我每天七点左右吃早餐，上完三节课，再加上三十分钟的大课间，我已饿得饥肠辘辘。李老师看到我们这番模样，经过深思熟虑，决定为我们订奶来缓解饥饿疲劳。牛奶全部是纯天然零添加的优质奶，但是因为要在冷藏柜中储藏，所以牛奶都是冰凉的，需要加热后才能喝，可家长们听到这件事都纷纷推辞。因为食品安全可不是件小事，万一失误而导致学生出现健康问题，这个责任没人能承担得起。李老师独自背负起重责，做我们班同学的“奶爸”。

家长们准备好水桶，李老师买了根塑料水管，我们离喝奶只有一步之遥——加热牛奶。李老师把水管放入桶里，接满热水后却发现，热水烫不到底部的牛奶。于是李老师就把水管埋到底部，这样热水从下面涨上来，就可以让所有的牛奶都变热了。

这包看似普普通通的牛奶，却蕴含了李老师对我们无限的爱。

教育手记

教师要以东风化雨之情、春泥护花之意，培育人间的花朵，绘制灿烂的春天。用一份责任与担当呵护孩子们童年时代的成长，孩子们将从中汲取力量成为有责任心、能担当的有为青年。也许这样的传递和汲取来源于那包热乎乎的牛奶，来源于那个被他们称为“奶爸”的人。

乡村“六一”，一个播种爱心的日子

又是一年“六一”到，校园里又开始忙碌了起来。这几年每到儿童节都会勾起我的牵挂，自从2016年我资助了支教学校的三名贫困生之后，这个节点便成为我下乡看望孩子们的固定时间。“六一”儿童节设立的初心是给少年儿童关爱。随着教育的发展，“六一”儿童节被注入了不少新的时代气息，然而无论时代怎样变迁，我们应该始终不忘初心，让孩子们健康快乐成长。为了践行这份初心，这个“六一”儿童节我们行动了起来。

今年是我最后一年资助三名学生，因为今年七月他们即将毕业。在他们即将结束小学生活离开校园时，我希望他们能够带走一份美好与关爱。经过一年的支教生活我了解到，乡村小学目前是贫困生比较集中的地方，但凡有条件的家长都把孩子带到了城市。这些留守在乡村小学的孩子们，不少是因为家庭贫困，迫不得已。为了教育我们班级的孩子，也为了给需要救助的孩子们一份关爱与温暖，我在班级发动了“东凯小学四年级八班牵手共青希望小学庆六一‘爱心手拉手’”活动。活动得到了班级各位家长的积极响应，最终我选择了十位家长成为第一批爱心团成员。为了那些期待关爱的孩子，为了给这个节日增加一份爱意，5月28日成为一个播种爱心的日子，我们班师生和家长一行25人奔赴广饶希望小学举行此次活动。

大课间，同学们在希望小学广场手拉手进行了结对捐赠仪式，仪式过后我们在小树林里为受捐助的同学们献上了精心准备的小节目。当王梓瑞的歌声、李俏尔的葫芦丝声、邓玉茜的二胡声、姜智勇的萨克斯声伴随着孩子们的欢笑声从小树林中飘荡开来的时候，一片温馨和谐的城乡之爱镌刻在了这一刻。

“父亲离世，8岁的我和母亲相依为命。如今姥爷患肝硬化，家庭贫困。感谢李文康同学为我捐赠的300元钱，感谢李文康同学和家长无私的奉献，我一定会记住，一定继续努力学习以此来回报你们，回报社会。谢谢你们的帮助！——你们帮助过的同学***”这是一位受助同学写给手拉手小伙伴李文康同学的话。这也是所有受助同学的共同心声。也许300元的助学金对于一个贫困的家庭来说是杯水车薪，然而在这样一个特殊的节日里，这份爱心助学金却足以温暖一位受助同学的心，让他感受到社会的一份关爱，获得一份满满的正能量。也许就是这样一个活动足以让受助同学的童年增添一抹温暖的记忆。对于那些贫困的学生和家庭来说，我们没有能力改变他们的现状，但我们都能够在他们艰难的路上，给他们一份鼓励、一份帮助。

爱心手拉手活动合影

赠人玫瑰，手留余香，在温暖了别人的同时，我们也得到了成长。对于孩子的成长而言，只有成绩的衡量是极其片面的，我更倾向于关注孩子的全面成长，关注他们的德与行。我想很多家长也认可我的观点，否则这次活动不会得到广大家长的积极支持。本次活动，家长和孩子共同走进乡村学校，体验生活，看到了乡村孩子们刻苦学习的情景，见证了乡村孩子们独立、自理的生活能力，这是对参加活动孩子们的一次良好教育，因为实践体验胜过说教。这个“六一”儿童节孩子们不仅送给受助同学一份特别的关爱，在自己的成长过程中也会收获一份特别的礼物。

教育手记

教师不应该仅仅成为知识的传递者，更应该成为学生的教育者，而班主任更应该是学生成长中的引路人。那个“六一”，我带着孩子们走进了乡村学校，认识了一些特殊的小伙伴；那个“六一”，我让孩子们感受到了“赠人玫瑰，手留余香”；那个“六一”，我让他们感受到了什么是爱。

毕业课程，带上走向远方的勇气

岁月不居，时节如流。一转眼，这些我带了两年的学生即将小学毕业，踏上新的学习征程。毕业，是一段学业的结束，更是一段新征程的开始；毕业，是学业之路的一个节点，也是学业之路的一个逗号。每到这样一个节点，我们都需要静下心来，慢下脚步重新整装，总结过往、规划未来，为再一次出发做好准备。

作为老师，在孩子们结束小学学业之前应该为他们做哪些准备，在他们临行时应该提高哪些能力，如何让他们自信地离开，这些是我这一学期班级工作思考的重点。作为他们的语文老师，我为他们的行囊中储存了200首古诗、30首宋词、几十本课外书，以增加他们的语文知识储备；作为他们的班主任，两年来，几百个日子我总是第一个来到班级，用实际行动向他们诠释什么是责任与担当；作为他们的成长伙伴，我带他们四处游走研学，让他们学会用自己的眼睛去看世界。五年的小学生活，他们的行囊中装上了应有的知识。然而，这样一些准备，在他们离校之前我总觉得还是少点什么。作为小学生的他们受年龄与能力所限，所有走过的路几乎是老师牵着小手走过的，所以他们还缺少一份独立行走的能力。于是，这个毕业季我想送他们在未来学习生活中独立行走的能力。为此，我设计了毕业课程三部曲。

徒步远足，送给他们一份意志力。多年的教学经验告诉我，学生今后无论是学业的行走，还是生活的爬坡，依靠的不仅是丰富的知识储备，在一定程度上说还是要靠自己的意志力。意志力是人们为达到预定的目标而自觉克服困难、努力奋斗的一种品质，是人的一种心理忍耐力，是一个人完成学习、工作、事业的持久力。事实上，孩子们在小学学习生活中缺少这种能力的培养。这一段小学学习历程中，家长的关爱、教师的呵护，让这些孩子成了温室之花，他们没有经历生活的风吹日晒，抗挫折的能力比较弱。然而，生活之路、学习之路总得靠自己行走，如果过多地依赖他人，只会在困难面前退缩。有很多学生到了中学成绩下滑，都是因为自己缺少攻坚克难的意志力。

这一项能力我觉得应该给学生补上，即便短时间内形成不了，也得让学生明其理、知其意。于是，春暖花开时节，我们班级开展了一次用脚步丈量个人意志的徒步远足活动。这次徒步远足，我们走在春天里，却无暇顾及和煦的春光；我们徜徉在莺歌燕舞的画卷中，却无心欣赏如画的美景。15千米，急行军式的行走，孩子们汗流浃背，双腿如铅，喘息粗重。整个队伍，没人说笑，只能听到呼呼的喘气声；没有风吟低唱，只能听到嗒嗒的脚步声。途中家长志愿者掉队了，但我们的同学没有一个退缩掉队的，个别同学跟不上步伐干脆就变成了一路小跑。走过清风湖，路过湿地公园，途经广利河畔，一路景色如画，可是这些都变成同学们到达目的地的一个个地标。出发之前我最担心体重超标的张志楷很难完成行程。甚至我还给这位特别的学生准备好了应急车辆。然而，他却把坐车看成一种耻辱。临行之前，张志楷向我保证，今天他一定会完成这次挑战，否则让我周末给他准备十套试卷。一路上，张志楷伴随着全身打战的赘肉，不退缩，不气馁，不松气，不掉队，就这样，他战胜了自己，走到了目的地。我还担心小个子张俊豪会跟不上队伍的脚步，担心个别娇弱的女生会被劳累所打败，担心那个发烧刚好的小女生任政宇体力不支……然而，同学们都用实际行动向我证实了这些担心毫无必要。成功的远足活动是他们面对人生第一次挑战交出的满分答卷，坚强的意志力会让他们的未来充满无限的可能，这便是我活动的初心。

毕业画展，送给他们一份自信心。要想让孩子们找到自信心，那必须给他们一个能拾起自信心的理由或载体。只有让他们从中找到自我，拥有一份成就感或被人认可的获得感，自信心才会油然而生。担任班主任以来，我特别注意这方面的工作，我相信无论哪一颗种子发芽都会结出硕果。学生是多元的，有差异的，有个性的，他们无论在哪一方面取得成绩，都会树立自信心。只要有了自信心，走哪一条路都会通往成功。

我把孙九亿送上舞台，从此他开启了一扇阳光之门，课上大声诵读，课下自信说话，尽管学习成绩还不太理想，但是他在不断地自我提升。在毕业画展上，他展示了自己的3幅作品，这让他感觉很自豪。在放学路队中背诵诗词时他声音最洪亮，从此自信爬上了他的面颊。王思怡，一个文静的大个子女孩，这次画展她是主角，她的作品几乎占了一半，她极其珍惜老师为她提供的这次机会，展示了自己的彩铅画、水粉画、素描画，甚至做得比较好的手抄报都拿了出来。更让她自豪的是校长收藏了她的作品，为此，绘画之路上她会激情盎然，倍加努力。也许不久的将来，她的画展会有一个更高的舞台，那时她一定不会忘记那个第一次为她办过画展的李老师。王梓瑞既能画也能写，特别是软笔书法作品，尽管稚嫩，但有模有样。记得四年级接班时，我利用班本课程让同学们学习书法，那时我就想等到两年之后他们毕业之际，如果有人能爱上书法这门艺术，就是最大的成功。如今王梓瑞、马嘉睿、周思霖等同学把我当初的梦想实现了。刘籽加，一个特别爱画漫画的小孩，也不知道他那脑袋里每天怎么有那么多的奇思妙想，有那么多天马行空的故事。他的漫画作品最受同学们喜爱，甚至有的同学都想出钱购买。另外，这孩子还承诺毕业之前送我一本漫画集，说是里面画的都是我们班级里的故事。我很期待收到这样的礼物，那时我将是多么幸福！邓玉茜，一个身上透着灵气的小姑娘，能写书法，善画水粉画，还能拉二胡。这一次画展，她展出了3幅书法作品、3幅水粉画作品。可能她认为自我展示还不够全面，又利用周末时间装裱了2幅素描作品。和邓玉茜同学有一样想法的还有周志蕊、周思霖、王语菲、姜嘉贤、阮怡萱、任政宇、王宝仪、

王思怡同学的毕业礼物

张杨慧茹、倪郁涵、张芮萌等同学，他们都非常看重这样的自我展示机会，不断地把自己的作品补充进来。就这样，毕业画展从最初展出70幅作品，增加到90幅，到最后展出了15位同学的107幅作品。

五年级八班的画展占据了一楼的整个走廊，引来很多同学参观，也得到了很多老师赞许的目光。说到画展的意义，我觉得还是引用王思怡同学在作文《渡船》中的一段文字更为贴切："我们对于李老师而言，只不过是相逢罢了，我们是要渡河的人，李老师则是摆渡者，负责把我们从此岸送到彼岸。这一次画展，给我在渡船上留下了深刻的印象。这次画展，不仅让我有了强大的自信心，还给我成长的足迹增添了最靓丽的一笔。看见同学们赞许的笑容，听见同学们的称赞声，我的心里像开了花一样。这朵花将在我心中永不枯败，因为这朵花包含着同学和老师对我的认可。多年以后，我可能会成为一名画家，也可能不会，这都没关系。我一定不会忘记在小学的时候给我们办画展的李老师，当初给了我们何等的自信与力量。"历时一个月的画展完美落幕，它将会沉淀为同学们永久的童年记忆。

法制报告，送给他们一份行为规则。孩子们在成长的路途中需要引领，需要告知。虽然他们的成长需要试错，但有些错误不能尝试，更不能去探索。多少孩子是因为无知而犯错，因为不知道后果而胡乱尝试。

五年级的学生临近青春期，他们个个跃跃欲试，无数的想法充盈在他们的头脑中，或想自我表现找到自我，或想尝试一番显示自我，或想效仿游戏中的英雄体现自我。这一切的一切需要我们对孩子进行正确的引领，尽到告知责任，让他们回到现实生活，成为真实的自我。于是，毕业课程我设计的第三项活动是一场家长和学生共同参与的法制报告会。

开发区法院青少年审判庭的张磊法官以自己审判的案例为实证，利用近两个小时的时间，为全体同学和家长上了一堂生动的法制教育课。张法官从校园欺凌讲到校园伤害案，从意外伤害讲到故意伤害，利用"复盘"的方式对案件进行了真实再现，利用审判的结果与量刑阐述了相关法律条文。真实而又引人深思的案件触动了学生的心灵：一次习作竟能引发一起案件，一次热心的帮助竟要走上法庭……也许懵懂的孩子们还不能真正明白法律的含义，但是在他们身边一同听讲的父母心中一定有了法律的准绳，一定会在孩子们今后的生活学习中给予正确的引领，我想这次报告会的教育目的也就达到了。

临近毕业，我们班的毕业课程也落下来帷幕。远足，送给孩子们一份意志力，希望他们今后不轻易向困难低头，保持勇往直前的精神；画展，送给孩子们一份自信心，希望他们以自信阳光的心态迎接未来学习生活中的每一次挑战；报告，送给孩子们一份法律意识，希望他们懂得生活的规则，做一个诚实守信的人。我不能陪孩子们走更长的路，但我希望他们离开时羽翼丰满，能力充足，以便以后的人生之路，走得稳健一些，从容一些，自信一些。

毕业课程的三部曲，没有经过刻意的雕琢，只是因班级实际情况而做。不过三部课程诠释了我对教育之爱的理解，那就是：教育之爱就是给孩子们适应未来生活的能力和走向远方的勇气。

教育手记

“教育上的水是什么？就是情，就是爱。教育没有了情爱，就成了无水的池。”夏丏尊如是说。所以，我认为班主任的爱心是一股流淌在班级之池中的清泉，时刻滋润着学生的心田；班主任的爱心是让学生离开时羽翼丰满，能够独立飞翔。

第三章

开启行走课堂，欣赏别样风景

读万卷书是寻找时间上的远方，行万里路是寻找空间上的远方。一个人的格局有多大，视野就有多宽，人生就能走多远。用脚步丈量的尺度，最终会转化为精神上的厚度。行走的课堂，别样的风景，每一段师生共同经历的生命旅程，在孩子们的成长之路上都具有特别的教育意义。

行走课堂，走向自然

孩子需要触动感官去体会大自然的奥妙，因为大自然是所有童话诞生的地方，是充满奇迹的地方，是培育孩子好奇心、想象力和创造力的地方。孩子们的梦想，善于思考的能力，善于发现的眼睛……都需要走向大自然，在自然中学习，在学习中成长。

走进黄河口，体验自然之美

2016年11月，教育部等11部门联合出台了《关于推进中小学生研学旅行的意见》（简称《意见》）。关于研学旅行的目的，《意见》当中早已明确，中小学生研学旅行是学校教育和校外教育衔接的创新形式，是教育教学的重要内容，是综合实践育人的有效途径。由此可见，研学旅行和学校教育是一并规划、一起实施的，它的形式虽不同于传统意义上的语文、数学等具体学科，但实际上研学旅行本身就是一门课程。只不过这门课程的授课地点不在教室，而在室外；授课者不一定是真正意义上的教师，却是具有专业知识和素养的人；授课内容虽然与考试无关，但对学生综合素质的提升大有裨益。为了构建属于我们自己的班级生活，我准备将研学旅行开设为班级课程，明确其教育目的，体现其教育价值，让其真正成为班级教育教学落实的有效载体。

人教版语文四年级上册前两个单元的主题，一个是描写自然景观，另一个是学会仔细观察，学习之后正是学生体验生活的契机。另外，当学完这两个单元时，我们这里秋天的味道已经比较浓郁，金秋时节的黄河入海口湿地非常美丽，芦花飞雪，红毯迎宾，百鸟齐聚，一幅人与自然和谐优美的画卷展现在我们眼前，很多游客慕名而来。然而作为我们家乡的一张绚丽名片，很多学生没有欣赏过它的纯美。为此，我决定依托家委会组织一次研学旅行。我们班的家委会相当给力，两天时间让活动得以落实，这真应了北京市十一学校李希贵校长的一句话："当你为了学生，整个世界会为你让路。"

"读万卷书，行万里路"，这一经过千百年实践验证的经验早已深入人心。回归当前的教育语境下，很长一段时间里，广大中小学生只知埋头苦读，却不懂很多知识也是需要体验和感受的。对小学生而言，在狭小的教室里待太久，无论是思想还是视野都会受到局限，唯有走出去，才能塑造内心的大格局，研学旅行则彰显了不可替代的现实教育意义。孩子们知道这一活动后，都非常兴奋。活动前一天，周志蕊告诉我："老师，今晚我肯定会兴奋得睡不着觉，这是我们班第一次外出活动，我太激动了。"第一次接受大自然的教育，这是孩子们的心声，也是孩子们的期盼。秋日的朝阳洒满大地，孩子们已经早早地来到了集合地点，如同一群待飞的小鸟叽叽喳喳兴奋至极。

黄河入海口研学旅行

汽车在景区穿行了一段距离，一望无际的芦苇荡展现在我们眼前，这里没有高楼大厦，没有城市的喧嚣，只有融广袤、古朴、新奇、野趣于一体的芦花景观。这样的天然景观让我们脱去了凡尘，融入了自然，可谓"芦花飞雪陶人醉，白鸟齐飞引人迷"。同学们走在湿地的木栈道上，在芦苇丛中来回穿行，如同在画中游。再看看那一眼望不到边际的芦苇，苇梢渐白，苇穗裹实，亭亭玉立，有的高达几米，大拇指般粗壮，而整个芦苇荡犹如待检阅的千军万马，阵容异常整齐。爬上观景楼，一阵风拂过，万千芦苇倾斜，蓬蓬松松的苇穗随风漾起层层波浪，瞬间传向了远方。孩子们一下子感受到了《爬山虎的脚》一课中"漾"的形态以及用词的精确，理解了"漾"的运用语境。王梓瑞走下观望楼，和我不停地讨论刚才的所感、所悟。正所谓“百闻不如一见”，在课堂上无论我讲得如何精细，都不如孩子们欣赏这风拂过芦苇荡的画面更容易让他们理解那个“漾”字所描绘的情景。研学旅行让学生走出相对密闭的校园，拥抱自然，在与学校教育情境不同的生活场景中弥合理性知识与感性知识的缝隙，实现间接经验与直接经验的交错，拓展学生的视野，夯实知识的纹理，促进学生学习和成长。

“没有生活做中心的教育是死教育。没有生活做中心的学校是死学校。没有生活做中心的书本是死书本。”陶行知的话似乎道出了研学旅行的重要意义。我们要引领学生走出学校教室，走向更为广阔的天地，在真实的情境之中体验、合作、探究，让学生形成适应未来社会发展的必备品格和关键能力。上午感受美景，下午在海边捉蟹，学生的兴致更高了。同学们一下车，四人一小组在家长带领下朝着海滩飞奔而去。岳修宇同学按捺不住自己激动的心情，刚走入海滩，就以最亲密的方式与海滩打了个招呼，于是裤子挂满了海滩回赠他的礼物——泥沙。同学们两人一组，四人成团，海滩寻宝就开始了。不一会儿就有同学从沙土中挖出了一只小螃蟹，瞬间引来了其他同学的围观，大胆的男同学捏着它的脚在炫耀，女同学只能拿铲子碰碰它的脚。家长们童心大发，一同加入海滩寻宝的活动中，和孩子一样共同享受着大海的馈赠。大家非常能干，一会儿工夫就把临近的海滩翻了个遍，其间不断有“捷报”传来。此时，欢笑声、叫喊声响彻一片。两个男同学当属今天最大的赢家，一会儿工夫收获了四五只螃蟹。我问他们有什么经验，他们告诉我说，螃蟹在沙土里跑得太快，海滩上的这些洞都是相通的，所以一个人负责挖，另一个人负责从挖出的沙坑中迅速捉住它就可以了。这不就是合作的结果嘛！所以，学生

同学们在海边捉蟹

的合作意识和团队精神的形成绝不是在课堂中讲出来的，一定是在实践活动中培养出来的，而这些收获正是研学旅行课程独有的教育功能。

一天的活动结束了，班级家长群中出现了热烈的反响，家长志愿者随手拍了学生的精彩瞬间发到家长群中，没参加的家长估计在工作的空隙也在关注时时发来的直播。家长留言：“感谢老师和家长志愿者不辞辛苦地给孩子们带来精彩的生活，留下多姿多彩的美好瞬间，希望这样的活动常态化。”王梓瑞同学把这个活动变成永恒的记忆，她在作文中这样写道：

行走中的记忆之秋游记

秋天是一个丰收的季节，在这美妙的季节里，我们四年级八班跟随着秋姑娘的脚步来到东营市最著名的景点——黄河入海口。

黄河入海口那里的鸟类有368种，国家一级保护动物有12种，国家二级保护动物有52种，这都不是个小数目。而且这里还有一些景点，比如我们即将前往的黄河口湿地，在那我们可以见到很多鸟，有丹顶鹤、天鹅等。在那之前，我们还要去划船、挖螃蟹……大家听了，都恨不得飞到黄河口。

我们先到达今天黄河入海口之旅的第一站——芦苇栈道。大家心里都特别激动，脸上写满了期待，一下车，同学们活蹦乱跳，像一群小螃蟹，排好队，便出发了。同学们边走边观察，发现这里的芦苇个头足足有一米多高，芦苇花细得像绒毛，里面好像还有谷粒状的小东西，像极了动物的小尾巴。走在半路，许老师抓到一只大螳螂，螳螂有两个大钳子，瞪着两只眼睛看着我们，活像戏台上的一名武将。同学们正在圆台上分享黄河口的知识时，天空中突然出现了五只大雁，陈老师告诉大家，那是五只鸿雁，它们要去南方过冬了。

我们又来到一座高塔边——观望台，打算爬上去看看整个芦苇栈道。我们爬到塔顶的最高处，走到观望台边缘往下看，风一吹，芦苇浮动起来，像在跳舞。湖面波光粼粼，从近到远，色彩从微黄、深黄到蓝色慢慢变化，而且湖水清澈见底，没有一点杂质。

我们来到旅途的第二站，观看鸟类的放飞在这之前，我们要先认识一下黄河口的“小孩”。我们看到的第一个“孩子”是丹顶鹤。丹顶鹤身上的毛软得像棉花，翅膀上的毛却尖利无比，头上的毛像红红的火焰在燃烧，嘴巴又长又尖，腿却又细又长，和树枝一样。还有小天鹅和大天鹅，它们有纯白色的羽毛、扁扁的嘴巴、乌黑光亮的小眼睛，不仅长相可爱，而且还是世界上飞得最高的鸟类之一。它们能飞越世界屋脊——珠穆朗玛峰，飞行高度可达九千米以上，真是小身材大能量。最让我感到奇特的是一只大贼鸥，贼鸥从来不自己搭建巢穴，而是去抢占别人的巢。

鸟类放飞的时间到了，看到饲养员打开丹顶鹤的笼子，我真的好期待。先是五只飞出来，围着房顶转了一圈、二圈、三圈……，转了好多圈也没停下来。我很奇怪，为什么它们飞第一圈时是五只，飞第三圈时只有三只，到了第五圈时就只有两只了。原来是丹顶鹤饿了，回到笼子里吃饭了。坐船之后，我们准备开饭，大家纷纷拿出自己的午饭，一起分享。同学们津津有味地吃起来，老师和家长也一起来分享，大家吃得更欢快了。吃完午饭，我和几个同学到顶楼看风景。然后我起了个头，几个人一起唱起了《黄河大合唱》，心里别提有多高兴了。

后来，我们来到了柳林故道，那是黄河流入蔚蓝大海的地方，那里野生植物可真不少，有盐地碱蓬、荻、杞柳、芦苇……其中，野大豆格外吸引我的目光，它的外壳和花生壳一样，里面的豆子绿油油的，就像穿了一条绿裙子，阳光照射着，格外耀眼，它还是国家第一批重点保护植物。

最后一站是海边，人蟹大战一触即发。大家挽起裤腿迎战，对着蟹大军出动。我跟着周思霖在螃蟹窝旁“翻箱倒柜”，没有一点儿线索，最后累得筋疲力尽。突然，周思霖大喊一声：“王梓瑞，我看到这儿有只螃蟹爬进去了。”我用尽身上所有力气往洞里挖，王宝仪也来帮忙。真是人多力量大，那只螃蟹果然露出了马脚，正好被我看到，于是，它便到了我的小桶里。我们击掌欢呼，随后我们又接连抓了好几只。后来，周志蕊也加入我们团队，最后战利品一人一只，大家高兴极了。

在回家的路上，大家纷纷展示自己的劳动成果，心里都乐开了花。

教育手记

最好的教育是让孩子们在旅途中看到远方。的确，当让孩子们感受到脚踩的每块方砖都有历史，呼吸的每一口空气都有故事时，教育就这样自然而然地发生了。这便是行走课程的别样教育功能。

走进千年古村，感受农耕文明

研学旅行作为一种新的学习方式，开始一步步走入我们的视野。中小学生研学旅行是由教育部门和学校有计划地组织安排，通过集体旅行、集体食宿方式开展的一种研究性学习和旅行活动，自上级发文以来逐渐在基层学校轰轰烈烈地开展起来。我们班级是先行先试者，也顺势拉开了学校开展此项活动的序幕，各班级纷纷效仿起来。对于研学旅行活动，我认为要杜绝走走、看看、玩玩的形式主义，研学旅行应该重“教”不重“游”。本年度，我们班级共组织了六次研学旅行活动，每一次活动都有不同的目的，力争每一次活动都做到研有目的、行有所学、后有评价的活动效果。规范研学旅行课程，要从确定研学主题、制订研学计划、分析研学路线、明确研学内容、设计研学过程、撰写研学成果、开展研学评价等几个方面进行准备。准备活动虽然比较复杂，但学生需要看世界，学习需要与生活实际相结合，为此，学习过程中经常需要“走，我们去看看”的研学旅行活动。

走，是一种行动，更是一种理念。研学旅行走起之前必须厘清为何而走。研学旅行不是简单地把课堂搬到大自然，搬到风景区，搬到旅行过程中，研学旅行中的“学”才是目的。本次“走进千年古村，感受农耕文明”的研学旅行活动是在我们学习了人教版语文四年级下册第六单元的一组文章和背诵了十几首田园古诗之后进行的实践性学习，是课堂教学的拓展延伸。乡村对于生活在城市里的孩子来说近乎陌生，田园对于生活在钢筋水泥筑成的大楼里的他们来说更是一种奢侈的享受。然而远离了乡村，脱离了农耕文化就无法寻觅到中华传统文化的根脉，就无法体会到劳动人民的勤劳与智慧，因为五千年的中华文化是在农耕文化中孕育、发展的。学生对于农耕文化以及田野乡村只是通过课本了解，这些东西于他们而言仅仅是一些符号。“纸上得来终觉浅，觉知此事要躬行”，要想让学生深入了解，就要让他们走到乡村、踏进田野去感受、去实践。我们要让学生从课本走向生活，从课堂走向自然，从认知走向体验，在实践中寻找书中的乡村文明与劳动的智慧。为了让这一个单元的学习更加深刻，我们班组织学生到千年古村体验农耕生活，到农耕博物馆寻觅劳动人民的智慧。

“久在樊笼里，复得返自然”，孩子们如同飞出笼的小鸟一样在自然的风光中徜徉，大巴车载着一路欢歌笑语的孩子们在曲折蜿蜒的山路上盘旋而上。烟雨蒙蒙中稀疏的民居散落在一个个山坡之中，远处传来时隐时现的狗叫声，为这云雾中若隐若现的山村增添了几分神秘感。重重叠叠山，曲曲折折路，汽车行驶的尽头出现了一座小山村。踏上乱石铺成的千年古街，迎着溪流而上，两旁依着山势错落有致地布满了大大小小的石头房子，此情此景让我们仿佛穿越了。走进山村小院，淳朴的村民早已为迎接我们的到来准备好了让学生体验摊煎饼和做豆腐的工具，于是大家纷纷动手，开始体验。体验过后，大家走进了农耕博物馆，这是一个由几间小房子和一个独立院落组成的展馆，几个展室里分别展览着不同的农具和生活用品。展馆虽然不大，但足以见证农耕文化的演变，展现山村人民具体的生活写照。同学们从这些具有斑驳历史印记的老物件上，寻觅到古代劳动人民的智慧，也在这里见到了课本上名叫“箬笠”和“蓑衣”的实物，知道了“闲敲棋子落灯花”诗句中的灯花。只有体验了才会有深刻的感悟，只有实践了知识才更容易内化吸收。

走走看看，是学习，是成长，更是一种生活的启发。在这次体验活动中，大家亲自体验了豆腐的制作过程，并带回了自己的成果。其实，豆腐的制作过程极其简单，只要把原材料倒入模具中，然后用力挤压，把材料里的水分挤压出来，豆腐

同学们在山村体验做豆腐

便成型了。豆腐的制作过程不仅让我们了解了村民的智慧，更给予了我们一种生活的启发。在回程的路上，在“移动的教室”里我们进行了分享。刘籽加同学体会到：“从豆腐的制作过程中可以看出，它所承受到的压力越大，挤压过程越长，制作出来的豆腐就越结实。其实这就像我们，承受的磨炼越多就越坚强。”的确，豆腐的制作过程就像我们的人生。在生活中，我们经受到的压力越大，磨炼越多，也就越容易形成坚强勇敢的品格。“大雪压青松，青松挺且直”，有了坚毅的性格，受挫能力、抗击打能力就会增强，就不会被生活中的风雨轻易地击垮。

一块豆腐让我想到了当下的同学们，他们像温室里的花朵一样，需要有一点压力来磨炼意志品格，成为具有坚强性格和生活韧性的强者。平时我经常收到家长给孩子的请假留言，这些留言无非是一些：孩子有点不舒服，特请假不上课间操；请老师提醒孩子多喝点水，天气太热；外边天气较凉，请提醒孩子穿好外套……可怜天下父母心，其实四年级的孩子应该能够处理好诸如上述的小事，家长过多的包办怎能让他们有锻炼的机会呢？要想让孩子们有独当一面的能力，有能经受住打击的坚强品格，就应该像制作豆腐那样，给予他们一定的压力和相应的磨炼。

在这一次研学旅行活动中，我们不仅感受到了烟雨蒙蒙的诗情画意美景，还收获了“不畏浮云遮望眼”的生活启示。让我们共同欣赏刘籽加同学的习作吧。

走进山村，感悟人生道理

奇山秀水，天地云明。今天我们班级去云明山研学旅行，与其说是登山，不如说去感受山村风光。千年古街，山泉涓涓。走在长满青苔的石头小路上，脚底感觉很滑，好像一不小心就会摔到小巷旁边的小溪里。我们迎着溪流往山上走，这山泉可跟一般泉水不大相同，水流声清脆，加上微风习习、鸟鸣婉转，合成了一支山村小曲，甚是动听。泉水流得很欢快，活泼的调子让人听得开心，时而溅起的水珠跳跃着，从远处看好像一颗颗水晶。我好奇地拿了一根干净的小树枝蘸了一点泉水，放入嘴中，立马感觉神清气爽，那甘甜的泉水沁人心脾。

辛勤的村民，淡淡的豆香。山村屋顶的烟囱里冒出缕缕青烟，一位热情的老奶奶从屋里提出一桶豆腐脑，让我们学做豆腐。她把豆腐脑一勺一勺地倒入模具中，并告诉我们要用大压板用力压。听老奶奶这么一说，我立刻用劲压了起来，我压的时间长，用力也多。最后我压出来的豆腐也很特别，“皮肤”发黄。后来，一不小心摔到地上，豆腐竟然没碎。我心头一震，想道：如果我们在生活当中不受一点压力，怎能造就我们结实的血肉之躯呢？哈哈，做豆腐竟然让我悟到了人生道理。

轻雾迷蒙，细雨朦胧。我们上山时，天下起了小雨，而我们都没带雨衣，所以就任它恣意飘洒。爬山不到一半路程，山路变得更滑了。我们小碎步前进，虽然小心翼翼，但还是感觉要栽倒下来。走到山路比较开阔的地方，驻足观看，远处的山好像全都消失了，却又能隐隐约约地看出一点轮廓。近处山间绿树红花，伴着细雨，真是“山色空蒙雨亦奇”。半山腰，一棵棵千年古树，虽然树干已经历了岁月的冲刷变得粗糙，可是细雨冲洗过的树叶却绿意盎然，好像每片叶子都是一个新的生命在律动，虎虎有生气。山上一棵樱桃树十分惹人注目，鲜红的果子就像一颗颗红色的玛瑙。

云雾弥漫的山间小路，炊烟袅袅的山村人家，如同世外桃源，仙境一般。小路上我们漫步徐行，相互关心，彼此搀扶，细雨滋润的友谊让世界变得温暖。这就是行走的课堂，让我们感受到了不一样的色彩。

教育手记

一个人的知识如果只限于学校学习到的那些，必然是生涩又匮乏的。让课堂行走起来，在行走中体验与感悟，不仅能够让所学知识鲜活化，还会让知识增量。我们在行走中思考，在思考中行走，这便是行走课堂的意义所在。

走进城南小镇，邂逅诗歌文化

再有两周学生即将进行期末考试，按照常理来说这段时间学生应该安心复习，但我总觉得孩子们的生活不能只有眼前的成绩，还应该有诗和远方。于是这个夏至，我们班在东营日报社李静主任的大力支持下，参加了2018东营黄河口诗会，让同学们与诗歌有了一次美丽的邂逅。教育，我坚持广种，坚持提供多样化的发展机会；同时坚信孩子身上无论哪颗种子发芽，他们都会走向成功。就像今天的活动，如果能够在一部分同学心中播下诗歌的种子，这颗种子在他们今后的学习生活中一旦萌发，诗会就会成为他们通往远方诗歌的起点。

我不会写诗，但是爱读诗；不但自己读，也希望我的学生读。于是我给孩子们编写了一套适合早上诵读的诗歌教材。让学生读诗，我最初的想法是想让孩子们感受诗歌的魅力，让诗歌温润他们的心灵，同时也想让孩子们感受诗歌的语言魅力。其实，读诗就是想让孩子们与诗歌建立联系，在诵读中丰富他们的心灵，在与诗歌的交融中感受母语优美的声韵，体验诗歌传达的情怀。孩子们在诵读诗歌中精神获得充分的舒展，生命变得灵动、活跃。我并不企盼他们长大后都成为诗人或文学艺术者，但在他们适合的年龄，播下诗歌的种子，他们便会拥有诗的情怀，拥有一种可能。

经过几年的诵读、积累、沉淀，孩子们便有了诗歌的心灵与眼睛。大巴车在林荫小路上穿行，道路两旁绿意盎然，鸟鸣清脆，在这里炎热的夏天似乎被茂密的树木所淹没。于是，刘籽加同学诗兴大发，在大巴车上写道："羊肠小路窄如线，阳光照射看不见，风拂柳絮声声美，好似神仙下人间"。想象是诗歌最主要的艺术形式，也是孩子们最需要的学习能力。如线的小路、风拂柳絮的声音，都通过刘籽加同学那敏感而诗性的心灵迸发了出来。我想这样丰富的想象能力，一定与他平时大量的诵读有着密不可分的联系。

诗歌给孩子们一双观察生活的眼睛。有了这双观察生活的眼睛，我们就可以诗意地生活，处处感受生活的美好，开启向美的精神世界。诗会主办方组织孩子们走进田园，目的是寻访田园诗意。这里的田园是现代化的大棚，三十几度的高温，大棚似乎有些让人窒息，但是飘香的瓜果又让他们义无反顾地冲向里面，闷热也无法抵挡他们的脚步。李俏尔同学用一首小诗生动地描写了自己的真实感受："瓜棚闷热如蒸笼，汗流浃背脸彤红。无论棚里有多热，摘到大瓜心激动。"顺口溜式的几句话，称不上是诗歌，但是她用诗歌的眼睛捕捉了生活，用押韵的词句传达了尽可能丰富的个人感受。

诗歌还会激发孩子们灵动的内心。在这次活动中，孩子们与东营诗人马行先先生有了近距离的亲密接触。马老师为孩子们讲解诗歌，告诉孩子们诗歌是什么，远方有什么，用自己的亲身实践激发了孩子们灵动的内心，并现场给了孩子们表现的机会。岳修宇同学的热情被激发，现场作了小诗一首："我喜欢你/小白菊/你在生机勃勃的草地上/傲然挺立/汲取草地营养/像被人抛弃的小姑娘/等待有人来带走你。"岳修宇同学的作品得到了马老师的赞赏，尤其是现场几分钟写的作品运用了转折的手法，极不简单。也许他还只是懵懂地运用，根本就不知道这样的艺术表达手法，但诗歌灵性的氤氲却让他写出了这样的诗句。马老师的一堂课，让孩子们张开了诗意的翅膀，穿越了封存已久的想象空间。

傍晚，我们来到黄河边，滚滚黄河水，滔滔向东流。在河畔的草地上，我们开始关于黄河诗歌的朗诵会。我们用诗歌传诵黄河的神韵，用诗歌触摸诗意盎然的夏天。同学们通过诵读诗歌感悟"君不见黄河之水天上来，奔流到海不复回"的豪迈气势，

黄河岸边举行诗歌朗诵会

感悟“大漠孤烟直，长河落日圆”的凄美苍凉，感悟“九曲黄河万里沙，浪淘风簸自天涯”的壮观阔达……诵读声伴随汹涌的黄河水滚滚而去，在这个夏天，在秀美的城南，我和孩子们与诗歌有了一次美丽的邂逅。

教育手记

法国教育家卢梭说过，“要启发儿童的学习兴趣，当这种兴趣已很成熟的时候，再教给他学习的方法，这确乎是所有优良教育的基本原则。”黄河岸边，城南小镇，让孩子们与诗歌邂逅，激发他们对诗歌的兴趣，之后再教给他们抒发家乡情怀的方法，在自然环境中寻找诗歌的灵感，也许诗意的种子便播种下了。

行走课堂，走向场馆

人们试图探讨“人是如何学习的”这一问题时，关注的不仅是发生在学校中的学习，还包括发生在工作环境、场馆、社区、家庭等环境中的学习，这类环境中的学习通常被称为非正式学习。场馆是有意识地为一定教育目的而设计的物理空间，创设了学校和家庭难以提供的情境。场馆通过实物、模型的布置，配合图片、文字说明构建出一个结构化的学习环境。因此，场馆学习是当前一种新兴的学习样态。

走进科技馆，体验科技的魅力

自9月份我们班首次开展研学旅行课程以来，该课程受到同学们极大的喜爱，赢得了各位家长的支持，同时也引发了学校其他班级的效仿，一时间研学旅行课程在全校掀起了一个小高潮。出现此现状，究其原因是这种课程对同学们学习、成长具有极大的教育价值和意义。研学旅行课程的设计不仅在于活动的形式，更在于活动的内涵。课程的设计一要体现与书本知识的有效衔接。教育部等多个部门印发了《关于推进中小学生研学旅行的意见》（简称《意见》）提出，要将研学旅行纳入中小学教育教学计划。各中小学要结合当地实际，把研学旅行纳入学校教育教学计划，与综合实践活动课程统筹考虑，促进研学旅行和学校课程有机融合。二要注重活动的过程与意义。这种课程绝不是组织同学们走走、看看、玩玩，而是要带着研究的心态、学习的精神去探究、去实践，最后还要形成自己的活动成果。《意见》也指出，中小学生研学旅行是由教育部门和学校有计划地组织安排，通过集体旅行、集中食宿方式开展的研究性学习和旅行体验相结合的校外教育活动。开展研学旅行有利于促进学生培育和践行社会主义核心价值观，激发学生对党、对国家、对人民的热爱之情；有利于推动全面实施素质教育，促进书本知识和生活经验的深度融合；有利于满足学生日益增长的旅游需求，从小培养学生文明旅游意识。

当前，学校正在举行校园科技节。为了更好地激发学生的科技探索兴趣，培养学生的创新精神和实践能力，迎接未来世界的挑战，增强他们从小爱科学、学科学、用科学的意识，提高科技素养，我们组织班级开展了第二次研学旅行——参观科技馆。说到参观科技馆，大家并不新奇，我们当地就有，可是馆内的设施和科技含量相对较低，所以我们本次课程是参观上海科技馆。

到了上海科技馆，我们仿佛走进了一个浓缩的科技世界。同学们根据自己的喜好各自奔赴不同的场馆，喜欢动物的同学奔赴熊猫滚滚展区；喜欢绘画的同学奔向拉斯科洞穴壁画复原展区，这里复原的壁画是历史文化遗产、史前艺术瑰宝；喜欢科技的同学有的奔赴机器人展区，有的奔赴宇宙与天体展区。在机器人展区，大家围观了转动魔方的机器人。同学们把魔方打乱顺序后，重新交到机器人手里，它先是仔细观察，找到方法后，只见它两只手灵活地左右旋转、上下翻飞，几十秒钟就把魔方四面全部还原了。同学们看得目瞪口呆，无论他们怎样打乱顺序，机器人都能在几十秒钟内还原。更有意思的是一个同学把还原好的魔方原封不动地交给机器人，机器人拿到手中观察了一下，竟然对同学们说："你逗我玩呢！"同学们听后哈哈大笑。大家被机器人的聪明才智彻底征服了。

最令同学们感兴趣的是和机器人下五子棋。一台机器人同时开两盘棋局，分别对垒两个小选手。我们的一个同学竟然赢了机器人。当机器人最后观察棋局时，竟然不好意思地低下了头，然后连续摇了几下头，做出认输的样子，诚然一副谦虚的模样，这引得同学们一阵欢呼雀跃。

在宇宙与天体展馆中，有的同学体验太空的失重，有的同学体验宇宙飞船遨游太空，有的同学感受星空漫步。科技的力量引发了同学们极大的兴趣，宇宙天体、智能机器人等激发了他们对科学世界探索的兴趣。教师应该成为为孩子们创造梦想与机会的人，尽可能地给他们的人生埋下不同类型的种子，当阳光与水分充足的时候，无论哪一颗种子发芽成长都会让孩子们拥有宽广的人生。

我们参观的时间是周五，选择这样一个工作日，原本想参观的人会少一些，可以让学生体验得更充分一些。可是到了现场才发现我们错了，科技馆9点开门，还没开门广场上已人山人海，等候进馆的全部是清一色的学生。当我们离馆时，电子屏幕上仍显示馆内有8000多名参观者。这些参观者大到高中生，小到幼儿园的小朋友。我想这也许就是我们与大城市教育资源的差别，生活在这里的孩子从小耳濡目染，可以受到这样的文化熏陶，科技素养一定很高。为此，我希望家长一定找机会、挤时间带我们的孩子看世界，尽可能地为孩子提供锻炼成长的机会。故步自封就会落后，只有看过世界的孩子，对生活的体验和感受才更真实、更立体；只有看过世界的孩子，对生命的思考、对未来的理解才更多元、更深刻；只有看过世界的孩子，视野才会更宽，思路才会更广，勇气才会更足；只有看过世界的孩子，人生之路才会更加具有无限的可能性。拥有了这些可能性，我们的课程之旅就有了一个完美的意义。

同学们在上海科技馆

最后和大家分享周思琳家长发到“朋友圈”的一段话：也许多年以后你会经常去上海，但这次上海之行一定会留在你的记忆深处，成为美好的童年回忆。很多年以后你肯定会感谢你的李老师，感谢他让你第一次领略了大上海的美……

教育手记

行走一座城，触摸一段历史，感知一种文化。不观世界，哪来的世界观；不观历史，哪来的价值观；不去科技馆，怎知科技的魅力与神奇。研学旅行开拓孩子们的视野，带他们开启一种新的学习样态。

走进图书展馆，零距离接触“动物小说大王”

人教版语文四年级上册第四单元是一个以动物为主题的单元，学习本单元时，我们没有停留在课本仅有的四篇文章上，而是在此基础上进行了拓展式阅读。先利用“1+1篇”还原了白鹅和白公鹅的原文，后利用“1+1本”进行了系列动物小说的阅读，以致这一个单元我们足足学习了两个月。

“动物小说大王”沈石溪的作品备受同学们的喜爱。在这两个月的时间里，王博成、王梓瑞等同学读了十几本动物小说，邓玉茜、常晨阳、岳修宇等同学阅读了七八本，阅读量最少的同学也完成了一到两本。这段时间，同学们燃起了阅读动物小说的热情，下午上课前的阅读时间他们读，每周的阅读课上他们读，每天的课外阅读时间他们还在读。读后感写作、阅读“存折”奖励、主题阅读课等阅读激励措施不断地为阅读动物小说的同学添柴加薪。其实激发同学们阅读的主要原因是我们即将要和“动物小说大王”沈石溪见面，并与其面对面交流。一提到能够和自己喜欢的作家见面交流，同学们的兴致提高到了极点。就这样，在同学们的期盼中，日子一天一天过去，阅读量一天天增加。《狼王梦》中紫岚那种伟大的母爱震撼了同学们的心灵，《保姆蟒》中蟒蛇认真负责的态度以及对主人的衷心深深地感染了学生。《最后一头战象》中嘎啖与妻子忠贞的爱情、《再被狐狸骗一次》中大狐狸为了挽救孩子残食自己的场景、《斑羚飞渡》中老羚羊以牺牲自己来挽救年轻羚羊而划出的生命之桥等，这些生动感人的画面不仅深深印在了孩子们的脑海中，而且从内心深处给予了孩子们充满人性的熏陶——亲情与爱。沈石溪关于“兽面人心”的动物小说诠释的是人性，撞击的是人的灵魂，折射的是人与动物和谐相处的重要性。从这样一个兴趣点入手，同学们开启了两个月的动物小说阅读之旅。语言的学习与积累、想象力的培养与训练、思维批判能力的提升与发展、人与自然和谐相处的理念，在阅读的黄金时期，以动物小说为载体，同学们都有了很大的改变。

2019年11月18日，上海国际童书展在上海世博展览馆举行，在这里我们将见到大家期盼已久的“动物小说大王”。梦想和希望伴随着一场淅淅沥沥的冬雨，从东营飞到了上海。直到孩子们走进展区，才领略到什么是书的海洋，什么叫在书海中遨游。本届童书展展览面积达2.5万平方米，整个展馆共有6万余种中外童书新品，360余家国内外童书出版单位和文化创意机构。看到品种如此丰富的图书，孩子们兴奋至极。杨红樱图书展馆、米小圈系列图书的四川少儿出版社展馆、华东五省市少儿出版社联盟展区成为孩子们最心仪的展区，在这里他们看到了各种类型的图书以及最新出版的著作。展馆里有两个舞台区，一场场阅读推荐会、作家见面会、新书发布会轮番上演，琳琅满目的图书和精彩纷呈的活动令孩子们目不暇接。

为了见到沈石溪爷爷，同学们早早地等在了第二舞台区的活动现场。正当大家专注于舞台活动时，有位家长悄悄问我，站在舞台旁边的是不是沈石溪。我回头一望，那就是沈石溪！他就这样静悄悄地出现了，就像他的动物小说中的主人公一样神秘地现身。这有些出乎我的意料，我原本以为他会被活动举办方簇拥而至，甚至身边带着好几个随从或助手，如同明星般出现在展会上，然而，他却是这样平淡地从人群中冒了出来。我连忙跑到他的面前，与他握手。当自我介绍说我是东营来的时候，沈老师已经准确地叫出了我的名字，显然他事先了解过了。接着他热情地感谢我们千里迢迢带学生来参加活动。他的热情与平易近人瞬间融化了我们与大作家之间的隔阂与陌生。我们简单交谈了几句后，同学们就发现了他们期盼已久的大作家，便纷纷从活动现场跑了出来，簇拥在沈老师的身边。一时间场面似乎有些失控，沈老师热情地和小读者交流，摸摸这个的头，握握那个的手，有的同学着急让大作家签名，有的急切地问准备好的问题，一副和谐而又热烈的读者见面会在展馆上演了。工作人员见此情景赶紧把沈老师安排到了后台开始为同学们签名留念，这一场景演绎了我想象中明星出场的热烈与粉丝的热情。来到后台，我拿出同学们的阅读“存折”并告诉他我们阅读的书目，还有同学们读书之后绘画的插图，沈老师听了、看了不住地点头称赞。沈老师说，四年级的同学阅读这么多的图书了不起，绘画出这么多优秀的插图更了不起，这说明孩子们真正读懂了故事。沈老师原本想为每一个同学写一句话，可是由于时间紧张只给一部分同学写了赠言，但是每个同学都得到了签名的图书。为了弥补没有参加本次活动的同学们的遗憾，我特意找沈老师另外签了27本书当作礼物。

沈老师的平易近人不仅表现在为大家热情签名上，更表现在和同学们合影上。签名后，我们邀请沈老师合影留念，沈老师擦擦额头上渗出的汗水，稍微整理了一下自己的着装，便欣然答应了。也许是因为要出席今天这个场合，也许是因为今天要和小朋友们见面，沈老师着装讲究，还系了一条领带，显得庄重而大方。沈老师依次和同学们合影，当遇到个头高一点的同学，沈老师主动把头向同学靠近，俨然构成了一副爷孙爱的画面；当遇到个头较矮的同学，沈老师主动下蹲，把自己降低到和小读者一样的高度。这一蹲彰显了一位作家对小读者的尊重，也彰显了一位作家高尚的人格。当我向沈老师介绍我们班动物小说读得最多的王博成同学时，沈老师竟然激动地拥抱他并与他合影，足见一位大作家平易近人的风格。

沈老师一丝不苟的文学态度和他平易近人的风格都堪称楷模，这是一位大作家留给我的第一印象。接下来的环节，在听完沈老师的演讲之后，我们班的同学获得三个向他提问的机会。同学们问他是怎样写出这样的作品的，为什么都是用悲剧的形式结尾，为何有这样的想象力。沈老师一一为同学们做出了解答，他说写作要从自己的生活经历出发，要学会观察生活和体验生活等。沈老师在演讲中特意就我们阅读的做法给予了充分的肯定和赞赏，并鼓励同学们继续努力。时间总是短暂的，因为我们需要返程赶飞机，所以同学们与沈老师依依不舍地告别了。回程的路上，同学们纷纷拿出家长的手机翻看着抓拍的精彩照片，回味美好的瞬间。

对于班级建设，我坚持构建属于自己的班级生活，放飞孩子们的梦想。这次活动孩子们的梦想乘着飞机飞了起来，而梦想“落地”的时候我们便拥有了一段美好的回忆。

教育手记

阅读的本质是读者与作者心灵的对话，是相互作用、相互影响和相互交流的过程。当文字交流的方式转变为面对面交流的时候，对读者来说，那种可触、可感会让他们从虚幻走向真实，从梦境走向现实，他们的阅读兴趣会出现质的飞跃。我带孩子们见了“动物小说大王”，这就是真实的见证。

走进城市展览馆，了解我们生活的地方

寒假模式已开启了一周，我了解得知孩子们似乎都甩掉了地球的引力，作息时间错乱了，生活规律无序了，生物钟彻底打乱了。在寒假模式下，孩子们晚上玩成“猫头鹰”，早上睡成“小懒猪”，没有了早晨与上午，只有下午与夜晚。放假让他们成了断了线的风筝，学校“遥控”不了，家长指挥不动。然而，这种失控的场面与管理的真空特别容易造成学生发展的差距。

寒假应该开启学生的另外一种学习模式——实践活动。实践活动不同于书本知识的学习，但这种学习方式的意义对学生核心素养的培养更加重要。综合实践活动是学生综合能力的锻炼与培养，是书本学习不能代替的重要学习方式，是培养学生综合素养的最佳途径。2017年，教育部印发《中小学综合实践活动课程指导纲要》，指出综合实践活动是从学生的真实生活和发展需要出发，从生活情境中发现问题，转化为活动主题，通过探究、服务、制作、体验等方式，培养学生综合素质的跨学科实践性课程。

参观城市规划展览馆

假期是开展社会实践活动最合适的时间段，一是不影响正常的教学秩序，二是有充足的实践时间。为了适时“遥控”学生的寒假生活，提升学生寒假生活的质量，我组织了寒假社会实践活动。今天，在家委会的协助下，班级近30名学生参观了东营市城市规划展览馆。通过一上午的场馆学习，同学们从东营市的过去、现在和未来了解了这座年轻而又美丽的城市。我们生活在这座美丽城市的某一个角落，但从未欣赏过她的整体面貌；我们生活在这座美丽城市的某一个阶段，但从未详细地了解过她的历史与过去；我们生活在这座美丽的城市中，享受着她给我们带来的惬意生活，但是还不知道她未来几十年甚至更长远的面貌。今天，这一切我们都知道了。当我们站在空中俯视城市全貌时，惊讶于她优美的面容；当我们站在城市的模型前寻找自己的家时，惊叹于我们其实生活在如诗如画的风景中；当我们站在城市未来规划示意图前时，仿佛看到了她未来的美丽身姿。

不爱，大多是因为不了解；不爱，大多是因为不知哪里值得爱。让孩子们爱自己的家乡，培养他们的家国情怀，首先得让孩子们了解、熟知他们的家乡。今天的实践活动之后，我想孩子们一定会爱上这座城市。

这样的情感教育仅靠在课堂上说教是不够的，只有开展社会实践活动，让学生把学习书本知识与投身社会实践统一起来，才能增强他们的切身感受，才能达成培养的目的。为此，开展社会实践对于丰富教育内容、有效提升学生的假期生活质量具有重要意义。

教育手记

我们需要培养孩子们的家国情怀，教育他们爱自己的家乡，爱自己的祖国。为了让孩子们亲切地、自然地、真实地爱自己的家乡，我们要引导他们去了解、去认识家乡的过去、现在与未来。只有了解了才会热爱，只有认识了才会拥有望得见山、看得见水、记得住乡愁的情怀。一座浓缩昨天、今天与明天的城市规划展览馆，无疑是了解这座城市爱上这座城市的最好的教科书。

走进环保教育基地，综合实践活动新样态

关于综合实践活动，我认为它具有很好的教育价值和意义，在“1+1”助学课堂中我单独列出了一类“1+1 实践”课型。传统的分科教学指向学生文化基础知识的学习，综合性学习活动则更适合培养学生的综合能力，其指向学生核心素养的自主发展和社会参与两个方面。综合实践活动是分科学习的补充与延伸，缺少了综合性实践活动，学习便是一个不完整的过程。综合实践活动是最能够见证学生综合能力的课堂。

学习是一种能力，更是一种素养。在组织开展本次实践活动之前，我安排学生做了充分的准备。研学活动不是说走就走的旅行，要想取得实践活动预期的效果，一定要做好前期的准备工作。没有准备的实践活动只会流于形式，学生学无目的，收效甚微。本次实践活动是带领学生参观东营市环保教育基地，实地考察城市生活垃圾的处理。这一活动既切合教学的主题，对课本知识进行拓展，也对学生进行了环保教育。为了使活动达到预期的目的，我让学生先进行社会调查：调查你所在的小区每天产生的生活垃圾数量、生活垃圾的去处，以及垃圾的分类与处理方式。这一项调查作业不是为了看同学们作业质量完成的高低，而是为了看他们的学习能力和学习素养。有的同学没有完成，说辞是没顾得上。其实就是学生没有重视，家长也忽视了这种非书面的作业，认为这样的作业可做可不做。但是，这项作业有利于提升学生的自我发展能力、与人沟通交流能力、调查研究能力以及信息的处理与搜集能力，是一张甚至是几张试卷都不能比拟，也无法比拟的。总之，没有完成该项作业的学习失去了一次锻炼的机会。

学生没有完成作业是对学习能力培养的损失，也许这样的能力培养是隐性的，但最为直接的影响就是对该实践活动的学习。因为这部分学生没有准备，到了实践基地他们的学习无从下手，只是看看基地里面的表面事物，而且在实践研究过程中也表现出学习素养的缺失：一是自己没有带着

问题来，不知道学什么；二是没有提出问题，不会深入思考；三是实践活动没有思考，看完之后就都忘记了，没有留下什么印象，也没有多大的收获。学习能力与素养不仅是支撑当下学生学习的关键因素，而且还关系一个人关键能力与必备品格的形成。

综合实践活动并没有随着活动的结束而结束，回来之后，我要求学生在原先调查研究和实地参观的基础上再进行深入学习。一要完善自己的调查报告，写出自己的参观心得与收获；二要把该活动的过程以文章的形式记录下来。同学们完成作业的质量同样差别很大，比课堂书面作业差距更大，因为这份作业的差距不仅表现在知识上，更多地表现在孩子们学习能力与素养上。

同学们参观环保教育基地

张杨慧茹同学用一张思维导图清晰地展现了垃圾的分类，以及生活垃圾的处理过程，思维导图制作得不仅漂亮而且非常清晰地反映了她的学习所得。王思怡等同学则写出了关于生活垃圾处理的调查报告，报告内容翔实而规范，这也是他们小学生活中的第一份调查报告，堪称完美。刘籽加同学活动前后总共写出了1600余字的文章，实践活动后的文章既有翔实的调查数据，又有实践活动中准确的记录，还有自己思考后得出的个人观点与结论：不要让现在毁灭未来，让我们行动起来，从少制造垃圾做起，拯救我们的地球！王梓瑞同学则感叹垃圾处理厂的工人之辛苦，在习作中写道："我们应该少制造垃圾，这样不仅能保护环境，还能减轻工人的劳动量，让他们也有一个美好的生活。"总之，她从人文关怀的角度写出了自己活动的感悟。

综合实践活动，开启了学生学习的新样态。

教育手记

任何一项实践活动只有做好充分的准备，才能保障学习的效果。活动结束了，学生们的收获参差不齐，这背后隐藏着学生学习能力的差异、学习素养的差距，这些能力和素养很难从课堂教学中获取和培养，需要通过实践活动来锻炼提升。

第四章

厘清班级工作，推开育人之窗

班级是教育的生发地，所有的教育现象都会发生在班级这个小小的育人单位之中，做好班级工作就推开了教育的一扇窗。班主任是学生生命成长的重要他人，是学生精神成长的人生导师，是学生生命质量提升的引导者和参与者。爱是相互的，我们滋润了孩子们的成长，孩子们的成长则给我们的生命赋予了与众不同的意义和价值。

班主任的情怀

教育是一种情怀，这种情怀就是通过对教育现象的思考，去追寻育人的真理；这种情怀就是让学生始终站在育人者的心灵深处，让教育时时刻刻地真实发生。班主任教育情怀的坚守就是不忘立德树人的初心，牢记教书育人的使命，最终让它们沉淀成为教育的智慧。

班主任，何以幸福

今年，是我从事小学教学工作的第21个年头。在21年的工作中，我一直承担小学语文学科的教学任务，其间担任了十几年班主任。反思自己过往的工作历程，扎实研究课堂教学，兢兢业业管理班级，厘清了学校工作头绪。不当班主任的时候，与学生总是有一段心理上无法逾越的距离，有一种若即若离的感觉，心里总感觉空落落的。相比之下，如果你是班主任，结果则大不相同。于是，今年我选择回归原点，担任班主任工作，从教育的最基层出发，把自己重新栽进教室，让自己的教育生活过得充实起来。班主任就是距离学生最近的人，再次选择担任班主任工作其实是我对教育工作的一种顿悟，这种顿悟来自曾经的班主任工作经历。

1998年，我被分配到东营市育才学校，开启了教师职业生涯，连续做了6年班主任。那时年轻没有经验，不懂得教育规律，有的就是时间、热情和信心。时过境迁，那一级学生与我感情最深厚。无数年之后，当初的孩童走向了社会，生活中几件小事让我感受颇多，引发了这么多年我从事教育的顿悟。

暑假，女儿要养几只小芦花鸡。我们决定养在院子的楼梯底下，选好地方我们开车去商店买钢丝网。在商贸城一家店里选好钢丝网，当我问老板多少钱时，老板笑而不答，而是准备把一捆钢丝网直接搬到我车上。老板的这一举动让我有些莫名其妙，老板不要钱？这么多怎么也不量一下多少米？看我有些发愣的样子，老板忍不住笑了，说："这钢丝网白送不要钱，你还需要什么我一起拿给你。"这一说，我和女儿更是丈二和尚摸不着头脑，我连忙说："不……不……我只要几米就行，你给我算一下多少钱。"老板见状笑呵呵地说："你是育才学校的李老师吧，可能你已经忘记了，我是张文燕的家长。你给孩子当班主任的时候一直夸她绘画好，经常鼓励她参加各种比赛。现在孩子已经是中央美院的研究生了，学的就是美术专业。孩子今天的成绩得益于你当时的鼓励，你说这点东西不送，难道我还能收钱吗？"老板机关枪似的说了长长的一段话，我只随着他的表述在头脑中搜索着当时的记忆，最后想起了那个文静的小女孩。她喜欢画画，尤其喜欢画马，于是我让她画板报，还把她推荐给美术老师，让她参加学校绘画比赛，鼓励她参加校外的画展。当时我常常表扬她，她的语文成绩也非常好。一番话后我才恍然大悟，第一反应不是想这一捆钢丝网的事，而是庆幸我当初的做法。班主任不经意的一个教育细节，竟然能成就孩子一生的学业。这就是教育的价值，这就是教师的魅力。当老师重要吗？当然重要，重要到可以影响一个人的一生。当班主任重要吗？当然也重要，重要到多少年之后有人感恩于你。教师理当成为学生的引路人，这便是我的教育顿悟。

从近两年开始，逢年过节就有参加工作的学生来看我。我感慨的不是他们带来的礼物，而是他们能够记得我。我是他们的小学老师，是他们求学生涯中最早的一位老师。最早的也就意味着可能最先被孩子们忘掉，但如果最早的没有被最先遗忘，那这里面一定有故事。去年寒假，齐文超同学来看望我，并邀请我春节后参加他的婚礼。另外，受他父亲之邀，特请我做来宾代表讲话。按照他父亲的说法，我是最适合的人选，那是因为我是孩子的启蒙老师，是孩子求学生涯中最令孩子信服和敬仰的老师。我想这也许是家长的客套话，想到这我并没有答应。然而，当婚礼来临一周前，齐文超的父亲亲自打电话落实此事，并不容我推辞，过后还让齐文超送来了一份讲稿。昔日的顽童今朝长大成人，齐文超是我们班的班长，机灵而聪明。他当小班长时，同年级老师没有不认识他的，经常替我办事，还经常给其他班的班主任帮忙。如今齐文超在银行系统上班，用他父亲的话说，孩子现有的很多能力就是从小打下的基础，这种能力的形成源于我当班主任时给予他的锻炼。这是我第一次参加学生的婚礼，也是我参加的最难忘的一次婚礼。

自从当老师以来，每年初一的早晨我都会接到一个拜年电话，这么多年以来从未间断过，也没有因为短信、QQ、微信拜年方式的多样化而更换。就是因为这样的一份祝福，我使用的电话号码这么多年没有更换过。电话那头的声音从儿童变成了少年，从少年变成了青年。电话那头的孩子，如果在大街上遇到，我想我肯定不认识了，昔日孩童如今变成了大姑娘。这么多的变化，唯一没有变的是大年初一那个温情的问候，这似乎成了一个约定。电话来自一个叫周静的学生，如今她已经从中国石油大学研究生毕业。近日，她再次打电话给我，就工作的问题征求我的意见。十几年一直不间断的拜年电话是一种真挚的师生感情，人生关键节点的电话则是一种信任。相见，我们可能不相识。但我作为一个小学老师，让孩子十几年一直记在心里，我甚是感动。当班主任能沉淀下一份真挚的师生感情，也能让自己的教育生涯桃李芬芳。

岁月沉淀了这么多的故事，教育生活让我有了顿悟。班主任工作是走向孩子心灵的桥梁，尽管累一些，苦一些，但会让你的教育生涯沉淀的更多一些，让你的教育之路更宽阔一些，让你的教育之园桃李更硕大一些。这不就是班主任的幸福所在吗？

班主任的幸福是一种沉淀，一级一级的学生、一个一个的故事，会令生命充盈着爱与幸福。看看常晨阳毕业前写的《写给二十年后的李老师》，那是任何一份职业都无法感受到的、与众不同的、不可替代的生命意义所在。

写给二十年后的李老师

20年后，您已头发斑白，但那是您教育的“荣誉墙”。现在，我要向您由衷地说一声：“谢谢，您辛苦了。”

您还记得吗？当年，您带我们全班44个人出去研学旅行，为的就是让我们去放眼看世界：我们去云明山，爬山是挑战意志，做豆腐是体验生活；去黄河入海口，感受家乡的美景，培养我们的家园情怀；去上海图书展览会，与“动物小说大王”面对面，激发我们的阅读兴趣……谢谢您，组织了这么多次研学旅行活动，我从中受益匪浅。

记忆最深刻的还是“奶爸”这个称号。您发现我们第四节课饥肠辘辘，学习效果较差，您不怕麻烦，征求家长意见后，果断为我们订了奶。您还怕我们喝凉奶不舒服，便安排我和安志博每天协助你烫奶，那是我非常骄傲和自豪的事情。您说，这件事情只有有担当的人才能做好。我认为，您就是那个有担当的人，我一定向你好好学习，做一个有担当的人。

还有，您当初带我们背了那么多古诗词。当我上了初中、高中，参加朗诵比赛时，一定会想起那本叫《园葵》的书，想起那个人称“鬼门关”的两扇门，更会想起老李“门神”的您，还有您的两个徒弟“王二门”和“邓三将”。当然，还有那个时刻准备破门而入的我。180首诗陪我们走过无数个日日夜夜，180这个数字我将永远铭记于心。

李老师，感谢您20年前陪我们度过四、五年级的美好时光。您就是我心中的启明星。

教育手记

教师最大的价值是什么？我想不是给孩子们多少知识，而是能够成为孩子们生命中重要的他人，引领他们成长。正如管仲所言：一年之计，莫如树谷；十年之计，莫如树木；终身之计，莫如树人。

班主任，把教育做成一种情怀

情怀指含有某种感情的心境，心境则指持续时间较长的情感。如此，教育情怀也就是对教育的一种持久、特殊、难以割舍的感情。把教育做成一种情怀需要达到一定的境界。有的教师默默耕耘、勤勉工作，从青丝到白发，却未必能将岁月转化为教育情怀；有的教师专业能力发展迅速，荣誉奖励接踵而至，但荣誉奖励也不一定能“兑换”成教育情怀；有的教师著书立说，威名远播，然声名与教育情怀并无相关性。今天，在学校少先队组织的清明祭奠先烈的活动路途中，在大巴车里我感受到了什么是教育情怀。

教育情怀，就是让教育时时刻刻地发生。只要有活动孩子就会异常兴奋，至于活动的内涵他们无暇顾及。就像今天的活动，原本应该是一个既庄严的缅怀活动，可他们一出教室便叽叽喳喳地说个不停，即便是每人手中都拿了一只白色或黄色的小花，却依然没有把活动该有的氛围烘托出来。孩子们踏上大巴车更是兴奋至极，这时随车的工作人员为了调节气氛，开始组织学生做文字游戏。显然，这与此次活动的内容主题严重不符，另外这也让具有教育意义的活动变得游戏化，失去了活动原本的教育意义。为此，我立即叫停。接下来我结合刚刚学过的课文《再见了，亲人》为大家讲解抗美援朝，以及英雄烈士的丰功伟绩。从狼牙山五壮士讲到抗美援朝，从革命年代的战争英雄讲到前几天在四川火灾中牺牲的30名消防队员，目的是让学生学习英雄，缅怀先烈。教育应该时时发生，并非只发生在课堂和活动的目的地。出发前，校长随机坐到我们班级的这辆车上。接着我的话题在晃晃悠悠的车厢中，校长开始他深情的讲述，他先从抗美援朝的著名战役讲起，从上甘岭战争的残酷、志愿军战士们的巨大牺牲、艰苦卓绝的抗击，一直讲到最后的胜利。同学们个个都听得极其认真，或为战争残酷的情景伤感，或被志愿军战士们的英勇壮举感动。教育就这样悄无声息地自然发生了。我想，如此教育之下，孩子们再走进烈士陵园，那种敬仰心情，那份感动，一定会从他们的心底迸发出来。因此，教育者就应该拥有这种教育情怀，让教育活动适时适地地发生。

教育情怀就是让教育走过形式的表层直抵育人的本质。活动是育人的载体，我们应该通过活动的形式达成育人的目的。校长在车辆行驶途中为学生们深情地讲述，没有仅仅停留在故事的讲解和说教上。当讲到上甘岭战役时，校长在颠簸的车厢里为同学们深情地演唱起了《我的祖国》这首歌："……这是英雄的祖国，是我生长的地方，在这片古老的土地上到处都有青春的力量……这是强大的祖国，是我生长的地方……"校长洪亮的歌声在车厢里飘荡，同学们被歌声打动了，不由自主地和拍而唱。在这样的情景中，在这样的场合下，听到这首歌真的是别有一番滋味涌上心头。一是歌词演绎的情景，二是校长的情怀，让一时激动的我热泪盈眶。战争年代的英雄离我们久远，但英雄的精神应该永存。当代的我们应该如何继承英雄精神？校长为同学们提出了希望，瞬间让空洞的英雄精神走到了每个同学的身边，走进了同学们的心里。同学们感受到了英雄精神并非神圣高远的，只要能够用坚强的毅力克服困难，无论在生活中还是在学习中遇到困难时都不退缩、不低头，这些都是英雄精神在自己身上的体现与延伸。在这个车厢里，校长用一首歌让教育从形式融进了同学们的内心，这是校长特有的一份教育情怀。就是这种情怀，校长和孩们的心灵距离缩短了。一年之计，莫如树谷；十年之计，莫如树木；终身之计，莫如树人。教育从来都是长久之计，作为一名教育工作的长者，他的一生都奉献给了教育。做教育，影响人的生命态度，培养人的人格品质，这便是校长的教育情怀。

教育情怀，就是不忘初心，不改初衷，砥砺前行。活动返程的路上，那首激情澎湃的歌、朝气蓬勃的学生、深情歌唱的校长，在我脑海里不断地翻腾，不断地激发我思考，教育情怀到底是什么？当初孔子及弟子在曲阜筑杏坛，教化影响深远；朱熹等智者在岳麓书院传道，让中国的文化源远流长。他们都是具有教育情怀的古人，如今我们应该具有什么样的教育情怀，似乎今天活动途中的人与事让我悟到了一些。教育情怀也许是面对横流的物欲时，依然保持着那份定力，“衣带渐宽终不悔”；也许是当一个个社会思潮袭来时，在教育的喧嚣中，依然保持着淡定与从容，以教育者的眼光和实践者的身姿加以理性的审视与判断，“择其善者而从之”；也许是在受人质疑时，仍然不忘初心，不改初衷，砥砺前行；也许是那种把教育当成自己的情感皈依，无论走到哪里，心中总有一份牵挂，牵挂着自己的课堂、学生，牵挂着学校里的一草一木。

班主任应该是那个可以让教育适时适地发生的人，班主任应该是那个可以让教育形式直抵育人核心的人，班主任应该是那个不忘初心、砥砺前行的人，班主任应该是那个把教育做成一种情怀的人。

教育手记

清华大学老校长梅贻琦说：“学校犹水也，师生犹鱼也，其行动犹游泳也，大鱼前导，小鱼尾随，是从游也。从游既久，其濡染观摩之效自不求而至，不为而成。”在做教育的道路上，校长前导，我们尾随。“不求而至，不为而成”的那份教育情怀，使我们成为新时代教育路上的逐梦人。

班主任，为师的快乐

今天是2019年元旦假期的第一天，难得的休息日，我关掉手机一觉睡到自然醒，最近一段时间的疲惫也随着梦境倏然远去。打开手机，学校微信群中传来一张图片，是居琛老师发来的，并附文："任政宇、阮怡萱、刘钰姝、石瑞获得2018年山东省健美啦啦操锦标赛特等奖。"随着这一行文字跃入眼帘，我的神经瞬间兴奋了起来。袜子只穿了一只，就迫不及待地向上"爬楼"翻看孩子们的照片。当翻看到孩子们捧着奖杯、拿着获奖证书那高兴的样子时，一种激动与幸福油然而生。这是一种为人师的独特的幸福，也是一种为人师的独有的激动。我兴奋地把班级四名同学获奖的照片发到其他群中，有过同感的同事立刻发了一条信息："李老师听到消息后激动得老泪纵横了吧！祝贺祝贺，真是了不起的孩子。"说实话，我已经过了感情冲动、情绪激动的年龄，但看到孩子们取得的成绩时，依然抑制不住内心的激动，因为这是教师付出心血得到的回报，也是遗失的青春凝结成的硕果。

年尾岁末，我把孩子们的成长、成绩看成自己的年终奖。看到他们的成绩，我感到由衷的高兴。回望2018年，在我教育生涯中有若干的欣喜。单说近期，王思怡同学捧回了全国少儿舞蹈大赛拉丁、恰恰等三个一等奖；冯广寒同学以独领风骚的优势获得了年级越野赛第一名；任政宇、阮怡萱、刘钰姝和石瑞四名同学参加山东省健美啦啦操锦标赛又捧回了特等奖的奖杯；班级荣获"山东省优秀少先中队"荣誉称号等，这满满的成绩足以让我感到高兴和幸福。

岁末年首，总结过往，回看我和孩子们走过的班级生活之路，那是用心血和汗水铺就的，成绩的背后写满了我们的努力。的确就如习总书记所说，"幸福都是奋斗出来的"。奋进，是班级的姿态；奋斗，是我们师生的状态。良好班级的形成，首先需要班主任的真心、真情。有人说，没有爱就没有教育，爱就像池塘里的水，没有水哪来的池塘，同样，没有爱哪来的教育。我不反对这样的观点，但我认为教育只有爱还不够。教师要有爱、有情，还要讲究爱的方式、教育的策略，才能为孩子们引好路、搭好台。班主任，从某种意义来说就是学生成长的航标和灯塔。这就需要你了解学生，摸准他们每个人的“脉相”，然后再根据他们不同的特点为他们引路、搭台。我们班的孙久亿是一个学困生，高大的个子却十分不自信，日常的语言沟通都存在障碍。我号准了他的“脉”，开出了“药方”：他需要从活动中找到自我，树立自信。于是，我把他送到奥尔夫音乐课程中，让他在敲敲打打中慢慢改变自己自卑的性格；然后我又想办法把他送上舞台，结果他在舞台上找到了自信，从此在学习生活中开始变得自信阳光。如今在课堂上他不仅都够勇敢地回答问题，而且在其他活动中也开始崭露头角。前一段时间，他在语文课上诵读的毛泽东《七律·长征》声情并茂、铿锵有力，赢得了同学们热烈的掌声。看到孩子的成长，这是为师的快乐。

班级要有凝聚力和向心力，就要有高品质的活动做载体。前几天，刚刚结束的班级合唱比赛，我们班级没有搞花样，没有额外挤占学生的学习时间，但最终取得了第二名的好成绩。活动之后音乐老师孙双红对我说：“你们班级学生一上台，同学们一开口，那种班级凝聚力和精气神瞬间就彰显了出来，表现出和其他班级不一样的精神面貌。”同学们这种外显的气质、内在的精神的形成，源自我们班级的一系列活动。可见，一个班级、一个集体，必须有高品质的活动做载体，才能培养出班级的凝聚力和向心力。我们的班级活动成系列，重内涵，从不敷衍了事，也不盲目跟风。当出现教育契机时，我会根据育人的需要组织活动。例如，学习乡村和农耕文化一组课文时，针对学生“不劳而获”的思想，我们组织了山村体验活动；学习了热爱家乡一组课文时，为培养同学们的家国情怀，我们先后组织了畅游黄河口湿地和孙子文化园研学旅行；为了锻炼孩子们的独立自主能力，冬至时，我们组织了包饺子、赛古诗活动。这些活动目的明确，形式新颖，同学们从中受到了良好的教育。他们因为有这样的班集体他们而感到骄傲和自豪，班级的荣誉感逐渐在同学们的心中形成。活动虽然结束了，但后续的学习还未停止，活动之后的总结与收获是非常重要的。这样的后续学习环节，可以让一些感悟不到活动意义的同学在分享和反思中重新收获活动的意义。后续活动的关键是教师的提升和点评，教师用活动的典型案例来指导学生，用活动的意义来引发学生思考，这往往会取得更好的教育效果。如，在孩子们学习制作豆腐之后，我们总结出“在生活中，我们只有经受住生活的压力和磨炼，才能够成为意志坚强的人”这样的道理。让孩子们在高品质的活动中成长，何尝不是为师之乐？

注重仪式，激发正能量，让温暖的阳光辐射到每一个孩子。教育是育人的工程，只要征服了人心，一切教育困难皆迎刃而解。我曾经从《正面管教》一书中学到一个拳头理论。一个拳头如果用强硬的力量去掰开，往往你用的外力越大，拳头就会握得越紧。相反，如果你用其他策略，比如友好的握手，对方紧握的拳头便会自然地打开。这就告诉我们，只要我们想办法打开学生封闭的内心，走进他们的内心世界，教育便达到了顺其自然的境界。在班级中，打开学生心灵的方式是节点举行的仪式。仪式感就是《小王子》中所说的，让那个时候不同于以往的时刻。人的成长中不能缺少仪式感，没有生活仪式感的人，内心情感不够丰富，这样的人生活自然也会缺乏浪漫。仪式是最能打动内心，走进人的心灵深处的途径。寒冷的冬季，第四节课之前，饥肠辘辘的同学们都会喝上一包热乎乎的牛奶。急人之需的仪式，孩子们怎么能不感动呢？为了把他们的营养与健康放在第一位，我克服了种种困难，学生家长又怎能不为之动容呢？唯独我们班级才有这样的待遇，学生又何尝不自豪呢？开学第一天，我会在班级门口迎接每一位同学的到来，用相互击掌的方式开启新的学习征程，这样的仪式拉近了我和同学们之间的情感距离。外出学习时，我会带给同学们一些小礼物，并搞一个送礼物小仪式。从这样的仪式中，他们学会了分享，学会了包容，学会了友爱。昨天，孩子们外出参加山东省啦啦操锦标赛，在走廊里我搞了一个简单的出征仪式，为她们加油鼓劲，然后把她们送上车。有一个这样的仪式，孩子们何尝不感动呢？于是，带队参赛的老师从比赛现场发回了这样的文字：在比赛完成等成绩的时候，孩子们说“一定不能让李老师失望”。人心换人心，这就是教育，这就是对“一朵云推动另一朵云，一棵树摇动另外一棵树”的诠释。元旦来临之前，王思怡同学花费三个星期时间为每一位同学做了一张贺卡，反面都写着不一样的激励语，这样的举动无不感动我们每一个师生。教育的目的是立德树人，我想这样的孩子就是未来社会的合格建设者。仪式通往人的心灵，心向往之，教育便一切皆顺。看到仪式中的成长，这难道不是为师之乐？

立好榜样，用好合作伙伴，让班级充满生机活力。学生在这个年龄阶段的成长，对社会的探知、对懵懂人生观的树立，需要榜样的力量和身边参照物作引领。当下媒体普及、网络发达，孩子们可寻的参照物范围较广，但参照物良莠不齐，必须有教育者为之辨析、为之引领。其实，在所有参照物中，孩子们最容易模仿的还是身边的人，如家长、老师、同学等。家庭教育对孩子具有潜移默化的影响。家长情况各异，老师就应该为孩子们提供可仿、可学的正能量。自从当班主任以来，我每天早上第一个到校，早早来到教室便开始阅读，同学们见此情景进入教室后不再吵闹，也开始读书。久而久之，班级阅读的习惯慢慢养成。我笔耕不辍，经常写随笔，也有文章不断发表，会经常把班级的活动与小故事写成下水文，在班级和同学们分享。学生和家长后来都成了我微信公众号文章的忠实读者。就这样，学生开始爱上写作，觉得用文字表达自己的想法，把事情记录下来和大家分享是一件非常有意义的事情。我便成为孩子学习的榜样，他们从我身上汲取了勤奋与敬业、读书与思考的力量。于是，就有了姜智勇同学看到某明星事件，写下了对娱乐圈的思考；有了刘籽加同学长达几千字的科幻小说。而且，刘籽加同学靠漫画和科幻小说已经在班级“圈粉”很多。当然我会将这样的同学树立为班级典型，让他们都成为班级其他同学学习的榜样。我们班级还有三种资源：一是副班主任许康老师，二是我们的家委会，三是班级的公众号。我把这些列为班级建设的优质资源，他们对班级建设发挥出巨大的作用。首先是给力的副班主任许康老师，班级部分烦琐的事务性工作他都处理得井井有条，让我从繁杂的班级事务中得以解脱，可以以更加旺盛的精力投入班级建设中。我们之间配合默契，高效地完成班级管理工作，许康老师是我们班级的左膀。我们班级还有一个强有力的家委会团队，班级事务、班级活动都是我出想法，家委会负责落实。家委会的工作原则就是：李老师出智慧，我们去落实；不耽误李老师过多的时间，让他安心教学，我们能做好的事情，一定服务到位。他们是这样说的也是这样做的，他们可以抢到东营到上海往返的低价机票，圆我们见“动物小说大王”沈石溪的梦想；他们可以租来大巴与服装，让我们在孙子文化园举行研学活动；他们可以积极主动联系各种活动场馆，为我们提供丰富的课程资源。家委会是我们班级的右臂。另外，我们的班级公众号成为我们发声的平台，是班级工作的良好资源。沟通是当今社会一项重要的能力，良好的沟通能够消除隔阂，平息误会。自媒体时代的发展，让沟通变得便捷而高效。我利用这样的自媒体，传递我的教育观点，点评教育现象，匡正教育言论，引领家长育儿等。这个平台拉近了我和家长的距离，共同的教育目标让教师和家长的心贴得更近了。当把教育做得左右逢源时，为师不仅是快乐的而且是一种教育享受。

孙子文化园研学

岁月不居，时节如流。岁尾，静静地坐在办公室里梳理过往，这是对流失岁月的最好纪念。当从泛黄的书中读到王宝仪同学的小学作文时，这未尝不是对自己教育生活最美好的回忆，未尝不是班主任为师的最大快乐！

印象最深的人

如今，我已是一位大作家，但我能写出如此有文化气息的文章，大部分是因为我受到了小学语文老师李玉玺老师的影响，是他开启了我的写作之门。

在我的求学生涯中，李老师是最专业的。在课上，李老师讲得非常细，连一个标点符号都不放过；李老师讲得非常好，像在给我们讲一本充满文化精神的经典书目；李老师讲得非常妙，不管哪一句、哪一个字，都能联想到我们之前学过的文章、古诗……每学完一个单元他都会给我们巩固一番，让我们学得更扎实——这就是我们的李玉玺老师！

在我的求学生涯中，李老师是最敬业的。李老师组织了多次研学旅行活动，他担着外出所有人的安全，敬业而有又担当。李老师曾说："带你们出去学习，一是见见世面，看看我们美丽的世界；二是让课内学习与课外实践结合起来。"李老师每次带我们出去，都是非常有价值的，也在我们心里留下了快乐的足迹。李老师有一种强迫症，不把事情做完美、做彻底，自己心里都过不去——这就是我们的李玉玺老师！

在我的求学生涯中，李老师是最有创意的。李老师每天都有新的想法：装饰教室，把我们出去学习的照片贴到教室外的墙上。我觉得最大胆的想法是订奶和背古诗。给学生订奶这个决定很大胆，主要是因为责任重，一旦牛奶出现问题，后果不堪设想……李老师可是费了九牛二虎之力才成功解决了我们的饥饿和困乏问题。早晨背不出古诗不让进教室，李老师提高的门槛让我们知道了什么是严格与刻苦，以至于现在我还记得那时背诵过的古诗——这就是我们的李玉玺老师。

唉，如果您还愿意的话，我愿让您一辈子当我的老师，我那敬业的李老师！

教育手记

这是年终的一篇小文，我喜欢节点性地梳理过往的工作。梳理总结是为了明天更好地出发，是为了明天更高地飞翔。当班主任其实没有比看着自己的学生飞得更高、更快、更远更令人欣慰的，把一群群孩子送到理想的彼岸是我们最大的幸福，这便是为师之乐。

教育需要智慧，没有智慧引领的教育是肤浅的，缺少智慧的育人是苍白无力的。班级管理需要智慧，班主任工作需要智慧，这些智慧体现在那些琐碎的工作中，细微之处见风范，毫厘之间定乾坤。

班主任，这个箩筐里究竟该装些啥

有人形象地把班主任比作箩筐，因为班主任啥都要管。于是就有了“班主任是个筐，啥活都可以往里装”的流行语。话糙理不糙，这句话在一定程度上反映出了班主任工作的现状。殊不知，这样的现状扭曲了班主任工作的本质，成为班主任工作繁忙杂乱的主要原因。班主任的箩筐里究竟该装些什么呢？这的确需要我们把班主任的工作分一分、捡一捡。

学生能做的工作分拣出去。有些班主任工作劳累，是因为不会放手，事事都要亲力亲为，事无巨细，大事小情一把抓，要事琐事一人干。学生能干的，班主任代劳了；学生想干的，班主任包揽了、学生能做的工作，班主任装进自己的箩筐里，工作量自然就加重了，但这种工作量的加重不但没有好的教育效果，反而让学生丧失了自我锻炼、自我成长的机会。10月份是我校的体育节，活动内容较为丰富，除了集体的队列队形比赛，还有足球等几种球类比赛以及部分趣味运动比赛。活动方案一下发，有些班主任就开始忙碌起来，周末加班者有之，挤出自己上课的时间进行训练的也有之。我不是不赞同班主任重视活动，而是不赞同因为太过于看重活动的结果而异化了活动的目的。过于追求活动成绩让正常的教学秩序受到了冲击，全身心地准备活动挤占了教学的精力，课堂教学一时成了“副业”，活动反而成为主要工作。这种本末倒置的现象，不仅影响了正常教学效果，更重要的是影响了学生。这并不是活动设计者的初衷，这样变异的活动异化了班主任工作的性质，直接的结果就是大大增加了班主任的工作量。

活动方案下发后，我简单地和副班主任许老师商量了一下，决定放手让同学们自己组织，把活动当成他们成长中一个锻炼机会。例如，足球比赛放手交给我们的足球小将常晨阳。常晨阳是学校足球校队的一名主力战将，个人技术不但过硬，场上组织能力较强，而且他还有参加各种比赛的经验。作为班主任，我只负责告诉他什么时间对阵哪个班级即可，其他训练完全由他组织。从报名到参赛，从上场人员安排到战略战术，他都组织得井井有条。而我呢，只需坐镇欣赏比赛就可以了。今天第一场比赛首得开门红，以6：0大胜对方。常晨阳在场上那叫一个“凶悍”，个人技术表现得非常出色，组织运用战略战术游刃有余。前锋冯广寒同学左突右进，凌空远射，屡屡制造破门的机会，以致对方守门员手忙脚乱。后卫郑家森同学严防死守，在场上配合得相当完美。只有我们的门将乐哉乐哉地看比赛，因为球基本到不了我们的后场。

除了足球，我班的其他球类比赛和趣味运动会项目也都找了合适的同学负责和参赛。至于活动的结果和成绩不是我最关心的，我最关心的是他们组织得是否有序，配合得是否协调。像这样学生能够做的工作，并且还能够做好的工作，就应该从班主任工作当中分拣出去，这样做不仅学生得到了锻炼，自己还减轻了负担，何乐而不为呢？当然这些工作的分拣也需要根据学生的年级和实际能力量力而行，但班主任需要有这方面的意识，班主任若不放手，孩子就无法成长，班主任所背负的工作任务就无法减轻。

班主任工作职责的内容要全部装进来。班主任应该有明确的职责：首先，班主任是班级的组织者和指导者。这就需要班主任要懂得一些班级管理的基本技能和方法，故班主任的专业学习要装进去。其次，班主任是中小学日常思想道德教育和学生管理工作的主要实施者。这就需要班主任要了解当前教育的形式与现状，懂得学生管理的技巧，了解学生的心理特点。再次，班主任还是实施学校教育教学计划，沟通师生、学校与家庭以及社会之间的联系，落实学校育人目标的主要执行者，是中小学生健康成长的引领者。这就需要班主任把落实这些职责的班级建设装进去，构建属于自己班级特色的班级生活。班主任的工作筐里既要装专业成长的理念，还要装落实班主任工作职责而需要构建的班级生活，并在此基础上努力成为中小学生的良师益友和人生导师。

自9月份接手四年级八班以来，我投入了大量的时间和精力，努力构建属于自己的班级生活，为学生健康成长营造良好班级氛围。我设计了属于自己班级特色和学生发展需要的班本课程——软笔书法；开发了系列研学旅行课程，并已经组织实施了第一次研学旅行——秋游黄河口；落实了古诗诵读、整本书阅读，联系了“采芹人”小书坊建设等活动，完成了书香班级的构建。经过两个月的努力，班级建设已初见成效，部分同学爱上了书法，并已经开启了专业学习之旅，毛笔字已经写得像模像样。部分同学在不到两个月时间背诵了60多首古诗词，姜嘉贤能够熟练背诵《将进酒》和《蜀道难》，岳修宇能一字不漏地背诵《长恨歌》。有的同学在不到两个月的时间读完了六七本课外书，阅读量近50万字。这些成绩都是我们构建自己的班级生活带来的外显变化。另外，学生良好的学习状态，积极的学习态度和良好学习习惯的养成等这些内隐的改变，也都有了质的飞跃。开学后，我还创建了班级公众号，从开创以来每天发布一篇原创的小文章，借此和家长以及任课教师进行良好的沟通并取得了较好的效果，也在同行中引起了较大的反响。我的班主任“箩筐”从一背上就装进了班级生活构建工作，它占据了“箩筐”的大部分空间，事务性工作只是一个附属品，为此我的班主任工作干得轻松而愉快。现在看到孩子们的变化和成长，我倍感教育是一种享受。

由此看出，班主任工作这个“箩筐”并不是什么都要往里装。这个“箩筐”应该装班主任的工作职责——班主任的班级生活构建，最终达成并落实立德树人的根本教育任务。如果不分拣出那些繁杂的事物，就会让这个“箩筐”越来越重，就会把班主任本职工作挤出来。

教育手记

班主任工作往往是杂乱、繁重的代名词，主要原因就是我们把班级工作做成了一种事务性工作。班主任很多时候扮演的是“消防队员”，把班级工作当作扑火，他们的工作是被动的、补救式的，并且随着班级工作的事务不断地转换身份与角色，为此苦不堪言。如果班级工作从育人的角度去梳理、去分拣，班主任做好应有的本职工作，班级工作就会井然有序，班主任也会拥有更多的育人空间。

班主任，应该向农民学习

每当我因为着急自己的课堂教学或是管理班级而出现急躁情绪时，我都会想到农民，想到他们种的庄稼。如果像农民一样当老师，一定会让教育充满无限可能，也一定会让教育减少一份焦躁。

学习农民的耐心。老师和农民一样都需要耐心，需要等待。我们不少老师在课堂教学中没有等待的耐心，不给学生留足思考的时间和空间，便急切地进行了答案的讲解。一边滔滔不绝地讲，还一边埋怨学生不够聪明，殊不知这是因为教师没有耐心等待学生思考，只是一味地为了完成自己的教学任务，一环套一环地往前赶教学进度。没有耐心的教师，不会等待的教师，他们在课堂上只顾自己的教，而忽略了学生的学。为此，教师教得身心疲惫，学生学得筋疲力尽。课堂上教师不会等待，学生便失去了思考的机会；教育中教师不会等待，学生便失去了成长的机会。学生之间存在差异，如同植物花期各不相同，有的花期早，有的花期晚，有的花艳丽，有的花娇小，有的甚至在你和他们相处的这段时期还遇不到他的花期。不会等待的教师往往会给没有遇到花期的学生贴上了特殊的标签，给这样的学生成长造成了伤害。因此，教师要有耐心，要学会等待，要尊重教育规律，不可以拔苗助长，这方面需要向农民好好学习。农民都懂得“春生夏长，秋收冬藏”的自然规律，春天播下种子，他们从不会奢望庄稼早一天结出果子。从播种到收获，他们总是耐心地等待，在这个过程中给予庄稼悉心的呵护，拔草、捉虫、施肥、浇水……从没有看见过哪个农民经常指着生长中的庄稼指责：你怎么这么笨，还不开花？我都给你浇了几遍水了怎么还不结果？真是一棵笨庄稼。为此，作为教师，我们应该尊重学生的成长规律，尊重孩子的差异，耐下性子，静待花开，而等待的过程就是最美好的教育时光。

学习农民的包容。老师和农民一样，都需要包容之心。我们做老师的经常会指责学生，这也不对，那也不对，却很少反思自己是否做得对。更有甚者，有的教师教龄长了就会形成职业病，总觉得问题是别人的，责任是他人的，还总喜欢挑别人的错，找自己的理。在课堂上，我们经常听到老师这样指责学生：我都讲了很多遍了，你怎么就是听不明白呢？你真是……这样的老师没有包容孩子，同时也没有反思自己的行为，你都讲了很多遍了，孩子还听不懂，是不是你讲得有问题？是你表达不清晰，还是讲述方法有问题？其实，就这一点来看，教师应该向农民学习。小时候我经常听父母说：你看咱家的麦子快抽穗了，叶子有点发黄，是因为我们施肥的量不足；今年的棉花，棉桃不是很多，可能是因为当时农药喷洒得不够及时，棉桃被虫子吃掉了一些；今年的玉米粒不够饱满，是因为当时少给它浇了一茬水，明年一定注意，不再耽误浇水的时机……农民包容了庄稼的成长，都是从自身来反思问题。从来没见过哪一个农民指责地里的庄稼：你看看你，我一年辛辛苦苦地给你浇水、施肥，流了多少汗，受了多少累，你看看你长得那个样，产量那么低！写出这样的文字，我自己都感觉到十分可笑，可是我们的老师在课堂上、在教育教学中就经常说这样的话，学生考试偶然出问题或者犯错误，板子总是打在学生身上，不能包容孩子的一点错误，殊不知孩子就是在不断的融错中成长的。当这样的事情发生的时候，有些教师倍感委屈，经常会把不满宣泄在学生身上，久而久之便造成了师生关系紧张，影响了教学工作，也影响了自己的生活。工作一天身心疲惫，还带着一肚子的委屈和怨气回家，殊不知这样的教育正是因为自己缺少了一颗包容之心。作为教师，心里能容下学生的错误，才是真正的教育之爱。

教育家叶圣陶先生早就说过：教育是农业，不是工业。教师和农民一样都是面对生命，因此，在许多方面道理是相通的，如果我们像农民一样当老师，教育这方沃土，一定会硕果累累。

教育手记

教师要向农民学习耐心与包容的心态，更要有智慧，用专业的理念去引导学生成长。教育区别于农业的一点是，教师需要给受教育者提供陶冶品德、启迪智慧、锻炼能力的种种条件，让他们能动地利用这些条件逐步发展成长。

跳蚤书市，应氤氲育人的气息

一年一度的校园读书节在四月份拉开了序幕，其中跳蚤书市是读书节中最重要的部分。偌大的操场上人山人海，有卖书的，也有买书的。今年的活动我在思索：跳蚤书市年年搞，我们应该让同学们从中学到些什么，培养哪方面的能力，怎么才能发挥活动的最大教育功能？

跳蚤书市算是一项学生的综合实践活动，活动目的是锻炼学生的各种能力。首当其冲的就是学生的沟通能力，体现在活动中就是推销能力。活动中，我试图寻找这样的教育契机。

我买书的第一个原则是不和学生讨价还价，我不是不想和学生沟通交流，我会要求学生说清楚所推销书的价值，也就是这本书好在何处，为何推销给我。其实，我这是醉翁之意不在酒，主要目的不是买书，而是锻炼学生的沟通能力和表达能力。第二个原则是买旧不买新。旧书是学生读过的，购买之前如果学生能为我讲出他读书后的感悟，那这笔买卖就算成交了。我之所以这样做，也是为了了解学生的阅读情况。跳蚤书市的目的应该是促进学生之间图书的交换，营造读书氛围，最终达成多读书、读好书的目的，其他的都应该是这个目的的衍生品。活动的最大价值是达成教育学生的目的，而非是为了活动而活动。这样的跳蚤书市如果分年级持续进行一周，每天下午课外活动组织一个年级学生进行义卖，其他年级学生购买，或者是在学校某一个合适地方设立一个学生图书超市，把图书义卖做成常态的活动，那么这个活动的价值就会大大增加。其实，书香校园就应该是书香长四溢，书声远流长。

跳蚤书市，也是一方各显神通、各尽其能的舞台。给学生一个机会，也许就会收获不一样的精彩，也许就会展现出他们能力的另一面。学校生活应该是个多棱镜，只有这样孩子才会全面发展。本次活动之前，我让学生试一试能否利用这样一个机会有“不一样”的收获。于是，班里一部分学生给了我意想不到的惊喜，且不说他们利用抽奖、赠品、打折促销等方式成功推销自己的图书，更值得一提的是部分同学还带了本钱，利用这样一个机会低价买进图书，然后加价再卖出，赚取差价。常晨阳利用这样的方式赚取了20元，孙九亿赚了9元和3本书。最值得称道的是郑佳森同学组织李文康等六名同学组成了一个团队，他们分工明确，有的负责外出购买，有的负责推销，有的负责摆摊叫卖，最后大家共同分红。还有安志博同学，一点本钱没带，在活动中也净赚了15元，他的生财之道是在活动现场变成一个打工者，帮助同学推销，从中拿提成。王博成同学则过了一把老板瘾，找了两个同学做他的推销员，完成卖书任务。总结活动收获时，我不禁感叹活动的价值，只要给学生提供一个登台展示的机会，他们就会有不同的收获。总之，校园跳蚤书市成为学生走向社会的一扇窗。

跳蚤书市还可以成为学生能力的试验场。当大家习惯了用支付宝和微信付款方式后，钱包里的零钱变成了稀罕物。今天出门如果不是准备充分，就会出现“捉襟见肘”的状况，这让我产生了一个想法：可以借此机会锻炼一下孩子们的能力。

在四年级三班书摊前，我选中了一本书——《小学生老舍读本》，书看样子是读过的，和小女孩沟通得比较理想，便打算收入囊中。可是，我对小女孩说：“我有一张100元的钱，你能否找零？”显然她为难了。我便问她：“认识我吗？”她眨眨眼睛说：“我认识你，你是四年级八班的李老师。”我说：“这样吧，你下午到我班里找我拿钱，你看如何？”小女孩爽快地说：“没问题。”就这样，我们做成了无钱交易的第一桩买卖，这就是诚信。

我又转到了二年级一班的一个小朋友面前，我看中了一本书——《穿浅蓝色格子衬衣的太阳》。简单地和小女孩交流之后，我同样用一张100元的钱去购买，可她也没有零钱，很是无奈。交谈过程中，得知小女孩并不认识我，于是我说：“能否给你打一张欠条？下午你拿着欠条到班里找我。”取得她的同意之后我在一张书签的背面郑重地写下了一张欠条：四年级八班李玉玺老师欠×××书款××元。当我第二趟转回来时，小女孩手里还握着那张欠条。我想，等这个小女孩能够用自己的方式找到我时，今天她收获的绝不是卖一本书的钱。如果他们两人下午成功地找到我并拿回书款，这对于她们来说就是活动之外的收获。为肯定她们的能力与诚信，我已经准备了两本书作为礼物赠送给她们。

最后，我来到张铭泽的书摊前，想用打欠条的方法继续购书，也考验考验他。我发现张铭泽书摊上的书已快销售一空，他面前的塑料桶装满了零钱。我选中他的一本图书，他卖2元钱。我同样给他100元钱，他说他找不开。我说："打借条。"他说："不行。"我说："你不是认识我吗，你可以到办公室找我呀。"他说："下午上课没时间。"我想转账给他，可他坚持现金交易。看那意思是"你不买我也不愁其他销路"。最后，我锻炼他的计划落空，但是这个学生非常有自己的主见，拿定主意就坚持到底。我想，作为一个男孩子，这是应该具备的品质与素养。尽管想锻炼他的计划没能实施，但我了解了他的性格特点，也算没有白和他沟通。

今年的跳蚤书市又落幕了，学生不但各自收获了心仪的图书，同时也收获到比图书更有价值的东西——交际能力。活动中处处彰显教育的痕迹，这才是学校举办活动的目的所在。

教育手记

冯梦龙说："水不激不跃，人不激不奋。"任何一项活动我们必须站在育人的高度去设计、去组织，既不能让活动成为匆匆的过客，搞得浮光掠影，也不能让活动成为荷叶上的露珠，只限于表面的璀璨，而应该思考对学生而言活动激发了什么，奋起了什么。行走在跳蚤书市中，我的收获也颇多。

许新海博士说："'完美教室'是传统意义上的教学场所的无限扩容，又是现实生活的适当微缩。它将全体教师、学生和家长都涵盖在内，组成一个成长共同体，尊重生命、面朝未来、崇尚阅读、热爱自然。它不是集约化的工作车间，关注功利化的生产效率和统一尺度，它是粗放式的田园农场，关注个性和人格的锻造张扬，关注生命和生活的品质品味。"这种理念便是我的班级管理之道。

班主任，学生成长路上的筑梦人

重拾班主任工作让我有了更多的教育理性，20年的教育教学工作让我对班主任工作有了重新的认识，过去班主任工作在我看来就是管理班级，如今班主任工作让我走上了教育回归之路——班级育人。有了这样的感悟，我更明白了于永正老师在患病期间发出的感叹——如果让我重新教一轮学生该多好。另外，从"朋友圈"看到北京吴琳老师在和她的学生们聚会时发出的感叹："真想重新做一回他们的老师，我可以做得比30年前好100倍。"我想这也是吴琳老师走过一段教育之路后发出的感叹。的确当你走过一段懵懂的教育之路后，再重新去实践，你的工作会更上一个层次，这个层次会越来越接近教育的真谛。当你站在这样一个高度做教育时，眼过之处寻觅的是教育契机，审视的是育人之道。

前几天和几个刚做妈妈的教师聊天，她们说道：现在的孩子太难看了，躺着就哭，一抱起来就好……婴儿啼哭是在表达情绪的不满，要么饿了，要么身体不舒服，要么就是需要人陪伴。尽管婴儿还是一个刚来到世界的新人，但是他已经具备了常人应有的情绪。上述几位年轻妈妈所说的现象，其中有一部分原因就是孩子缺乏安全感，需要借助拥抱来平复不安的内心，如果不能如愿就用哭闹宣泄自己的情绪。安全感在孩子的成长之路上具有极其重要的作用。如果孩子生活在一个缺少安全感的家庭中，这个孩子很可能一生都因缺乏安全感而形成不自信、畏惧、胆怯、多疑的性格。那些从小就生活在经常吵架家庭的孩子，可能会埋下性格的不良隐患，或学会用暴力解决问题，或形成不正确的婚姻价值观。由此可见，有些家庭教育专家提出“父母和谐恩爱是给孩子最好的童年礼物”的观点的确有一定的道理。耳濡目染的熏陶是教育孩子最主要的渠道。

家庭和谐会带给孩子心理上的安全感，同样的道理，班级氛围和谐融洽也会给孩子带来学习上的安全感。大家不难发现一个现象，就是一年级新生入学时平衡分班，班与班之间几乎没有多大的差别，但过几年之后渐渐地就显现出班级的差距。这样的差距会表现在各个方面，但有一点非常明显，就是有些班级学生上课思维活跃，学生表现得自信、大胆；有些班级学生思维沉闷，上课积极性不高，课堂参与度不高，只是老实而木讷地坐着听课。平行班级出现这种现象的一个根本原因，就是班主任的班级管理出现了问题。学生思维活跃的班级纪律一定不是最好的，班主任管理也一定不是最严厉的。学生规规矩矩的班级，班主任管理一定是严厉而严格的。这里并不是说班主任严格管理不好，而是说班级管理要讲究严爱相济。学生思维活跃的班级其氛围一定是宽松的，宽松的班级氛围给了学生一种安全感，在这样的班级环境中学生不怕出错，敢想、敢说，思维活跃，没有任何的后顾之忧和恐惧感。而班级管理分外严格的班级，学生怕犯错，怕受到相应的惩罚，所以不敢说、害怕说，不敢想、害怕错，这样的班级学生缺乏学习的安全感，缺乏安全感的学生思维自然会僵滞。

安全感会直接影响学生的学习。为此，今年我带班的首要任务就是让学生找到班级学习的安全感。在纪律前面，只要不越线，学生可以自由发挥，甚至只要不是原则性问题，我都会想办法给他们找到可以弥补错误的方法。总之，必须让学生有安全感。经过一个学期的努力，学生不再畏惧我，有的同学愿意和我分享他们的小秘密，有的同学还经常把自己喜欢的小玩意儿送给我，有的同学也会摸摸我的口袋问今天是否给他们带来了惊喜，还有的同学课下时不时跟我开个小玩笑。这不，今天早上姜智勇还给我带了一个超级大馒头，说是他爸爸出差从哈尔滨带回来的。这样的班级生活慢慢构建了和谐融洽、轻松自然的学习氛围，孩子们没有了心理恐惧，取而代之的是满满的自信。因而，整个班级彰显出了生机勃勃的面貌。

这样的班级环境，正是我追求的育人氛围。与孩子们同喜、同悲，成为孩子们的筑梦人，这就是我一个学期把自己栽进教室里的最大收获。这一个学期，班级的变化同年级的老师看在眼里，都为之而称赞。

《礼记》说："亲其师，信其道。"杜威也在其《民主与教育》一书中说道："学生只有对教师形成依赖感，才有可能被塑造。"这些都是教育的至理名言。我在接手这个班级时，面临着和任何一个半路接班教师一样的情况。家长对我有怀疑、有对比，甚至有一位家长直接坦言，当听到更换我来担任该班班主任时，他的第一反应就是上学校网站查看我的个人信息，了解情况。听到这话，我虽然有点不悦，但也理解家长对教育的关心，对孩子教育的关注。为了这份教育的担当，我用实际行动进行了诠释。

喊破嗓子，不如做出样子。让学生爱上读书，是每一位教师的责任，也是语文教师的首要任务。这一学期我是最早到校的班主任之一，早上七点十分左右我一定会到校，从家早走几分钟一是能避开上班早高峰的拥堵，二是能早到学校让自己享受一段美好的晨读时光。无论是早上还是下午，学生推开门第一眼看到的一定是我，一学期以来每天是这样、每次是这样，渐渐地，学生进入教室不再吵闹，都自觉地坐到自己的座位上开始阅读。当走廊里传来其他同学的吵闹声时，我们班的学生已经沉浸在阅读的快乐之中了。每天阅读几十分钟，日积月累，学生的阅读量不可估量。本学期有的学生阅读了20本课外书。学生的这种做法我不断地表扬，不断地强化，天长日久，阅读便渐渐地内化为学生学习生活的一种方式，也渐渐地成为他们自己的一种素养。

让优点成为习惯，让习惯内化为人的素养，一是要有氛围的熏陶，二是要不断地坚持。我们班阅读习惯的养成就得益于以上两点。韩阳同学的父母因为工作原因对他的照顾有所疏忽，因此给他的学习造成了一定的障碍。有一次突然看到一个叫“阳阳”的申请加入家长班级群，我猜可能就是韩阳同学，当时有些犹豫是否让学生入群，但我又想到他的家长经常不能及时查看班级的通知，给他的学习造成了一些影响，于是就同意了他的申请。从此，我看到他在改变，作业积极用心，不但能及时上交，而且书写很规范。借此机会，我在作业讲评时特意表扬他，即便他不是特别完美我也会表扬他。我越表扬他，他表现得越好；他表现得越积极，我就越加大表扬力度。表扬就是这么有魔力，这几单元复习字词听写时他能够做到完全正确，这开创了他自主学习的先河。另外，近期在课堂上他开始高高地举起手大胆地回答问题，不再胆怯、害怕。表扬、坚持，就这样慢慢地成为学生走向优秀的催化剂，而这样的方式为他们的成长筑就了梦想。

每个人都应该拥有梦想，虽然梦想不一定都能够实现，但梦想却是一段时间内激励自己前进的动力。试想，如果梦想变成现实，那会是多大的幸福与快乐呀！班级公众号我起名为“让梦想飞”，其想法就是希望班级成为孩子们梦想的发源地。梦想就是目标，梦想就是前进的方向。

昨天下午常晨阳同学上课迟到了，看到他垂头丧气的样子，眼睛里似乎还噙着泪水，我就知道肯定发生了什么事。课下，常晨阳告诉我，父母不同意他寒假外出参加踢球比赛。我知道他是一个十足的足球迷，踢球的技术也不错，足球是他的挚爱。据他说，这次外出比赛是教练给他的一次难得的学习机会，他非常想参加，可是父母不是特别支持，为此产生了矛盾冲突，他郁郁寡欢。看到常晨阳同学一下午都无精打采的样子，我打算放学后找他的父母聊聊。其实常晨阳同学这一学期很努力，不但踢球有进步，学习也有很大起色，在课堂上，表现积极，思考认真。既然他有这样一个相得益彰的好状态，那这个愿望就应该帮他实现。于是，我和他的父母交流了意见，建议让他参加比赛，以实现他的梦想。第二天早上，常晨阳同学来到学校，看着我咧嘴笑了，我们共同做了一个成功的手势，表示庆祝。今天他在课堂上表现依然良好。我想如果真的有一天他在足球场上踢出了名堂，一定忘不了我帮他争取的这次参赛机会。当然，帮他实现这个梦想，最直接的效果就是他学习的积极性会更高。

美好的班级生活是一种期待，安全的班级环境必须成为基础；美好的班级生活是一种感受，表扬鼓励必须进入每一位同学的精神世界；美好的班级生活是一种创造，班主任必须成为学生成长路上的筑梦人。

教育手记

教师的任务就是让每个孩子看到人的心灵美，珍惜爱护这种美，并用自己的行动使这种美达到应有的高度。其实，能寻觅到教育契机，首先是教育者要拥有一份教育情怀，拥有了这份教育情怀，他才会站上一个教育的高度，这个教育的高度就是成为学生梦想实现的筑梦人。

班级管理，要学会适度失控

班主任工作，特别是小学班主任工作，可以说是繁杂、忙碌的代名词。如何让我们繁杂、忙碌的工作状态变得自如平和呢？我认为一要树立正确的职业认同感。班主任是学生成长中的重要他人，许多年以后能够让学生记住的人是班主任，能够让学生怀念的人是班主任，能够让学生感恩的人还是班主任。班主任在学生身上付出了更多的关爱，因此也会获得更多的回报。从一定意义上说，缺少做班主任工作经历的教师，其教育生涯是不完整的。

二要有艺术地开展班级工作。有艺术地开展班级工作是享受教育的关键所在，说到底班主任工作就是一个艺术活。班主任要有艺术地做到班级管理工作能适度失控。班级管理的艺术在于给孩子留足成长的空间，让他们童年的味道更浓郁。学生首先是孩子，是儿童，而不应该是小大人，否则孩子就失去了童年，失去了童真，失去了童年应该有的创造力。这样的儿童生活是扭曲的，会在孩子今后的成长中埋下隐患，因为孩子们童年生活的缺陷一定会在其某一成长阶段进行弥补，弥补的时候就有可能造成成长不良症状。如何让孩子的童年完整而童趣十足，那就要看班主任工作的艺术程度。适度失控的内涵就是要给孩子留下成长的空间，允许孩子犯错，给孩子自我修正的机会。我们经常听到这样两句口号：“一二三，坐端正；四五六，闭上口。”当听到课堂上不断重复着这两句口号时，我有些异样的感觉：

指导学生上书法课

这是泯灭孩子天性的口号，这是扼杀孩子童真的标语。用口号来约束孩子的老师只是享受着在安安静静的课堂上顺利完成自己教学任务的过程，却忽视了孩子们的感受。安静的背后是思维的停滞，是自由表达的遗失，是灵感的消失。根据多年的教育经验总结，我认为孩子一定要拥有一个宽松的课堂环境。只有营造一个让孩子们心理安全的课堂学习环境，孩子们才会敢想、敢说。孩子们敢想敢说了，思维也就活跃了，只有思维活跃了，才会真正地学习。课堂是这样，平时的班级管理也适用这个道理。我在班级管理中发现一个规律：班级纪律越是高度严格的班级，学生思维越是固化。这不得不引起班主任的重视，如果泯灭了孩子们的天性，课堂上也就没有了童真童趣。当然，这样的课堂上也就没有了儿童的思维，没有了儿童的创造。当我们严格要求孩子们不能超越严密的班级制度牢笼时，就框住了孩子们的个性。这样一来，孩子们处在恐惧之中，心中没有安全感，害怕违反纪律，于是养成了缩手缩脚的习惯，某些能力伴随着限制性的纪律也就丧失了。为此，对于班级管理工作，班主任要有艺术地让其适度失控。适度失控是给孩子们留下释放天性的空间，是给孩子们张扬个性、自我发展的机会。

班级管理的管与放、严与爱是要讲艺术的。适度失控，让孩子们童年的味道更浓郁，我想教育的意义也会更大。

教育手记

多年的班主任工作让我认识到，班级管理应该让孩子拥有一个安全的心理环境，在安全的心理环境下，孩子的身心才会健康发展。我不敢苟同那些严格管理之下孩子惶惶不可终日的学习状态。如果一个人整天生活在惶恐的状态之下，心理得不到安全，思维不可能活跃，更谈不上智慧的迸发。心理安全是基础，适度失控是策略，我们要给孩子创造一个宽松的心理空间。

班级文化，让墙壁说话

班级文化就是教师和学生共同创造出来的生活方式，这种生活方式会直接影响学生的发展，如同家庭生活对学生的熏陶一样。班级文化生活对学生发展而言最突出的影响在于它能有效提升学生的精神气质和学习生活品质，增强班级凝聚力。文化应该是一种氛围，是一种引领，把学生置身于什么样的文化环境中，学生就会成为什么样的人。正如美国诗人惠特曼说：孩子最初看到什么东西，他就变成那东西，那东西就变成他的一部分。

我理解的班级文化价值要对学生的成长与学习起到熏陶和浸染作用。为此，我一直梦想着把班级装饰成适合孩子们学习的场所，装饰成孩子们喜欢的温馨之地。在这样的场所内，学生拥有安全而快乐的学习心态，拥有耳濡目染的学习气息，让墙壁说话，让教育氤氲在每一个角落。于是，我尝试着改变，把固定在墙壁上的制度牌等全部去掉，这些东西对学生的学习没有多大作用，对学生的教育也没有多大价值。上个周末我在班级墙壁上做了中国历史朝代简介，周一同学们一进教室惊喜一片。从此，这一面墙就成为孩子们最喜欢的地方。围绕这一主题，孩子们的阅读开始了，问题自然也就有了，诸如哪个朝代的皇帝是谁、什么是奴隶制度和封建制度等。提出了问题，学生课后的研究、查阅资料等学习活动也就有了。这就是班级文化的价值，这就是我想要的结果，教室就应该是开启学生学习之旅的地方。

制作这样一面文化墙，一是让教室文化发挥应有的价值，二是通过这一面墙壁告诉孩子们中国的历史文化。中国有五千年的悠久历史，在漫长的历史长河中，朝代更替，王朝兴衰，时代激荡。从远古时代原始雏形到春秋战国接连不断的征伐兼并，再到各种朝代的历史接替，一直到清朝封建帝制的结束，这样一幅历史朝代画卷让历史与现实的距离不再遥远，让同学们清晰地了解到了源远流长的历史岁月。

教室文化就应该起到这样的熏陶与浸染作用，这是我改造教室的第一步，后续我还要进一步改造。接着我又改造了走廊的墙壁，在上面做了一排可以展示图片用的亚克力盒子。我准备把能够代表班级特色生活的照片放到里面，因为我想把教室营造成学生温馨的家。有了这样的特色文化，也就让学生拥有了集体荣誉感和归属感。教室后面的墙壁我准备制作一张唐宋八大家的文学造诣展板，让同学们知晓历史各个时期著名的书法艺术，因为这样的文化与我们的古诗诵读活动和书法艺术课程非常匹配。有了这样的班级文化氛围，环境更加温馨，学习氛围更加浓厚，学习兴趣便会氤氲到每一位同学。

当教室里每一个角落都折射出学习的氛围时，整个班级的面貌就会改观，学生的归属感、荣誉感就会极大地增加，构建属于自己的班级生活也就有了一定程度的效果。

教育手记

文化是一种精神的灵魂，它通过熏陶与浸染实现对人的教化。教室那面文化墙述说着华夏历史的变迁、朝代的更替，历史是一部厚重的教科书，有了这面会说话的墙，也许就能把孩子们吸引进那峥嵘岁月，推开厚重的历史之门。

班级活动之理

班级活动是在班主任的指导下，有目的、有计划地为实现教育目标而举行的各种教育教学实践活动。活动育人是班级活动之理，无论活动形式如何多样，育人之基不可改变。儿童的心灵是敏感的，它为了接受一切美好的东西而敞开；儿童的心灵是善意的，它为了让美好的事物成长而存在。无论什么样的活动都是通往学生心灵的桥梁，为此，班级活动需要正本清源。

班级活动，人人平等参与

学校组织的班级活动是学校课程建设的组成部分，是构建学生学校生活的重要形式。我想学校设计活动的初衷应该都是培养学生学的能力，为学生成长提供适合的机会，让丰富多彩的活动成就学生五彩的校园生活，编织学生美好的童年梦想。

班级合唱比赛

学校十月份的体育节开展了一系列丰富多彩的活动，如足球、羽毛球、乒乓球等球赛。这些活动的开展既检测了学校特色课程的教学成果，同时又给孩子们提供了一个学习体育技能的机会。这样的比赛活动对促进学生的身心发展具有不可替代的作用。比赛的结果不是重要的，重要的是让学生体验比赛的过程。在比赛中，努力拼搏的体育精神、坚强意志力的磨炼、团队合作意识的培养，乃至比赛成绩给予的挫折历练，都是孩子们宝贵的财富。孩子成长中所需的关键能力通过活动得以培养，我想这就是活动应该有的育人效果。

我并不认为活动最后的成绩是衡量孩子水平高低的唯一标准，孩子只要正确对待，积极准备，尽了最大努力，无论结果如何，都是最棒的。我希望每一项活动都应该尽到教育意义，而不要让其变了味。如果过于追求活动的结果，就可能异化了活动的本质。活动是课堂教学的补充，如果为了追求活动最后的成绩，牺牲了正常的课堂教学时间，弄得师生身心疲惫，我想活动的意义也就不存在了。当然，参加活动前的准备是必需的，否则学生对任何事情都不感兴趣，集体荣誉感也就没有了。为此，活动必须认真准备，这是教育孩子认真对待事物的一种态度。活动本来就是为学生开展的，任何附加项都应该是以学生为中心，如果不按照规律组织设计就会异化活动的性质。

本学期趣味运动会一共有五个集体项目，我分别选了五个队长，一切事务由队长负责。我的初衷就是要保障班级每一个学生都有一次参赛机会，人人参与，人人锻炼。其实班级里面总有一部分学生样样活动都可以，如果只是一味地追求最后的成绩，估计这些活动就是这部分学生的专属。活动应该为每一位学生都提供一次平等参与的机会，只要你喜欢，只要你尽力，只要你和队友配合好，就是最大的成功。人人参与，是活动最大的意义。每一个学生的成长，每一个班集体的组织与建设都不是在静止的状态中进行和完成的。学生的成长面临着两个世界：知识世界和生活世界。知识世界引导学生获得知识、开启智慧、拓展心智视野；生活世界启迪、培养学生的生活感受力，增进、丰富个人的生活体验。知识世界与生活世界融合，才能培养完整的人。可以说，班级活动把知识世界与生活世界联系起来了。作为班主任，我要从知识世界出发，引导每一个学生正确面对生活世界，体验生活，发展个性，舒展自我，成为真正意义上的人。故班级活动人人平等参与，对学生个人的成长、班级良好人际关系的建立、班集体的形成有着重要的意义，而活动的结果相对于过程而言其意义会小得多。

教育手记

班级活动的本质是育人，中心是学生，原则是人人参与，活动过程的意义重于结果。为此，任何班级活动我都把它看成育人的载体，保证其原汁原味。

班级活动，为了学生更好地成长

今天，按照工作安排学校进行年级语文分项测试，将每个班级学生分成八个小组，由年级八位老师针对学生的说话能力、语言积累、感情朗读以及课外阅读情况分别进行测试。我们八班按测试顺序是最后一个，当前面七个班级都测试完毕之后，测试的老师自然会对各个班级有一个横向的比较。

我测试进行的速度稍微慢一点，一是我想通过测试活动真实地了解整个年级各个班的语文教学状况，二是我想尽可能地让学生全面展示一下自己一学期来的学习成果。当我刚刚结束对七班的测试准备去八班时，与测试工作进行最快的一位老师走了个迎面。这位老师显然已经完成了八班的测试任务，见到我兴奋地跟我聊了起来。“李老师，你们班这一学期组织的活动太有意义了，对孩子们的影响极大。在说话能力项目测试中，同学们围绕着黄河口秋游、上海之旅、古诗诵读比赛等活动滔滔不绝地讲述，引以为豪。另外，你们进行的古诗背诵也卓有成效。学生展示课外阅读环节，直接就说‘我来背几首唐诗’，而且不需要提示，几首小诗一口气背诵下来，还有的同学能够背诵《木兰辞》《陋室铭》《沁园春·雪》等，更令我吃惊的是有个同学竟然背诵了《长恨歌》，见到这样的场面我简直是醉了。”

听完这位老师兴奋的感慨，我也陶醉其中。岁末年尾，大家都经常不自觉地感慨过往，憧憬未来，这位老师的一席话似乎帮我概括了这一学期的工作，总结了我和孩子们共同走过的2017年。其实，这不是最重要的，最重要的是这位老师的一席话触发了我对班级活动的思考。究竟我们的班级需要什么样的活动？学校是教书育人的地方，班级活动就是实施育人的有效载体，其价值与意义对育人的落实没有任何形式能够代替。精心设计的班级活动能丰富孩子们的学习生活，充盈他们的美好童年，编织五彩的童年回忆，从而落实立德树人的根本任务。作为班主任，我就是班级活动的创客，要为孩子们创造神奇而丰富多彩的活动。似乎这样的观点也得到了学生的极大认可。在今天的测试活动中，安志博同学竟然用“神奇”一个词总结自己对这一学期的感受。我反问他为何有这样的感想，他说：“你为我们班组织的每次活动都非常新奇，都是我们以前没有经历过的，也是我们想不到的。语文课上我的疑惑和问题你一讲，我就会恍然大悟，所以我觉得你是神奇的。”所谓神奇，根源就是这一学期我为班级组织了很多活动。黄河口秋游的研学旅行拉开了班级活动的序幕，让孩子们以集体的方式亲密接触了大自然，不仅让他们拥有了一次描写自然景观和难忘生活的习作素材，也切实对他们实施了一次爱家乡的教育。难忘的上海之旅，把他们带入了阅读世界，他们不仅开阔了眼界，更重要的是与“动物小说大王”沈石溪进行了面对面的交流，这点燃了孩子们阅读动物小说的热情。古诗诵读活动让孩子们在这一学期积累了几十首甚至上百首古诗，在诵读过程中，他们既传承了优秀传统文化，积淀了丰富的语言文字，又提升了自己的审美能力，树立了自信心，找到了学习的成就感。正如周思霖同学所言：“我自己背诵160首古诗之后，最大的感受就是，再看《中国诗词大会》节目时，里面的古诗我基本都会，特别有成就感。”书到用时方显其价值，活动立竿见影的效果足以让同学们的成就感爆棚。

古诗诵读比赛

班级活动就是这样影响着孩子们的学习生活，激发着孩子们的学习热情。为此，我对班级活动的组织有了新的认识：活动不在于多，但是一定要激发学生的正能量；活动要精选，形式要精选，内容要精选。精选的活动要注重其内涵的教育意义，那就是要通过活动达到育人的目的。我们从上海回来之后的第一节语文课，我打破常规，利用语文课进行了一次活动分享会，收到的效果不亚于上海之行。这样的活动让同学们从中汲取到了成长的营养，学会分享。班级活动，都应为学生的成长服务，这理应是它的内涵所在。

教育手记

丰富多彩、生机勃勃的集体生活，是学生开花的条件。班级组织活动一定要考虑到其目的性，绝不可以只注重形式，忽略活动的意义和内涵。活动设计要慎重，意义要重于形式。有些班主任经常把哗众取宠的活动作为经验来介绍或当作成绩来罗列，这样华而不实的班级活动我实在不敢恭维，更不敢认同。

班级活动，从中汲取成长的力量

学校体育节集体游戏项目设置了袋鼠接力跳、跳大绳、拔河、十人绑足走、十人履带行等项目。按照我理想的教育理念，这次活动完全放手给学生，让学生自愿参加，自选项目，人人参与。我知道这样组成的队伍和其他班级精心选拔队员组成的队伍同台竞技将会是什么样的结果。但即便结果如此，我也不在乎，举办活动重要的是给同学们一个均等的参与机会。今天班级全体同学都参加了不同的项目，这次活动不仅锻炼了同学们，也成为我真正了解同学们的一个好机会。平时在课堂教学中，有些同学的表现是隐藏的，因为没有相应的活动平台，他们无法展现自己的本色。因此活动的确是一个了解学生的好机会，当然也是发现教育契机的好方式。

今天的活动给了我莫大的启示，孩子的意志品质、合作意识、团队意识、责任与担当等这些关乎孩子终身发展的必备品格和关键能力非常需要培养，需要提升。我想这些核心素养是直接影响孩子今后成长的关键因素。意志品质是学生学习中不可缺少的能力。我在教学中，经常发现有些孩子遇到麻烦一点的题或者是稍微需要动脑筋的题就放弃。在日常学习生活中，他们要么直接问父母获取现成的答案，要么等老师来解决。我想遇到难题就放弃的现象，就是学生意志力不强的外在表现，映射在学习上就是思维懒惰、意志力不坚定。不喜欢动脑，这个习惯的养成多半是因为在家父母代劳过多，后又发展成为思维懒惰，“积懒成笨”就这样形成了。习惯造成思维懒惰的另外一个原因就是孩子长时间看电视或其他媒体终端，习惯于直接接受现成的画面，不再进行再创造、再想象。说到这里就体现出了读书的优势了。读书是孩子通过文字进行再创造的过程，是一个培养想象力的过程。为此，“喜欢看书的孩子是聪明的”，这是有根据、有道理的。到了小学高年级，乃至初中，甚至高中，孩子如果缺少这种克服困难的意志品质，那么获得优异成绩我想是不太可能的。

在日常生活中，缺乏意志力的明显表现就是遇事退缩，吃不了苦，受不了累。从今天的活动中就可以看出，活动成绩有些时候拼的不是个人的素质，在很大程度上拼的是学生的意志力。在活动中，有的孩子抱怨队友，直接退出比赛；有的孩子不能坚持战胜自己，忽视团队协作；有的孩子缺乏集体荣誉感，似乎比赛的结果与自己无关。一个班集体就怕人心散了，就怕同学们没有集体荣誉感，以自己为中心，长此以往孩子的团队意识和能力就在关键的懵懂形成期丧失了。面对这样一个现状，我不得不感叹，集体活动的作用和价值所在。只有活动才会凝聚人心，只有活动才能培养集体荣誉感和团队意识，只有活动才能锻炼人的意志品质。我想，也许这就是今后班级工作的重点。与此同时，我也看到了另外一些孩子的好品质，他们坚强拼搏，摔倒了爬起来继续参赛，不到最后不放弃，竭尽全力投入比赛。在我看来无论做什么，态度永远比能力重要。这些学生的表现与我平时对他们的观察高度吻合，他们都是班里的优等生。当我们竭尽全力挖掘造就优等生的根源时，殊不知孩子的这些品质与能力就是他们成长的底色。

同学们参加集体游戏

这样的两极分化现状也许跟当前人们的物质生活水平越来越高有直接关系，孩子从小受优越生活条件的影响，缺少艰难环境的锻炼，缺乏吃苦耐劳精神的培养。加之现在的学生多是独生子女，社会的影响、家庭的娇惯，部分学生养成了怕苦、怕累的习惯，以致意志薄弱，自觉性、坚韧性和自制力差，缺少勇于克服困难的勇气，遭受一点挫折就悲观失望，丧失信心。为此，在班级活动中，我们应该让孩子们汲取成长的营养与力量。

教育手记

班主任主要从事的是以心育心、以德育德、以人格育人格的精神劳动，是学生的精神关怀者。班主任不仅要关心学生的成绩，更要关心他们的能力与情感，让他们从各种集体活动中汲取自我行走的力量，形成独立前行的能力。

学校运动会，完成一次完美的自我挑战

五一假期之前，气温稳步回升，这一段时间也是各个学校举行春季运动会的首选节点，于是小视频、美篇等自媒体宣传信息刷爆了“朋友圈”。运动会是学校教育教学中不可或缺的一项，它既可以检测学校体育教学的状况，又是培养学生体育精神的重要载体，因此办好每一届运动会便成为学校教育教学中的一件大事。

运动会年年办，主办科室绞尽脑汁，力争每一届办出每一届的特色，每一届办出每一届的水平。大家向好的心理可以理解，有的学校在开幕式、闭幕式上做足了文章，力求有创意、有特色；有的学校在比赛项目上赋予了学生更多的参与机会，争取全员参加。但运动会的时间是有限的，项目也不可能无限制地增加。即便项目设置再全，也不可能覆盖全体同学，毕竟还有一部分没有运动天赋的学生。就因为这样的现实，运动会上出现了大批的观众，他们只是看别人运动。其实，他们只是“看客”，而且算不上真正意义上的观众，因为没有自己班级同学比赛时，运动会便与他们没有任何关系。于是，本届运动会上我们班有位同学在作文中写道：“每年的运动会最得意的事情就是天气太热，可以享受到某位家长送来的雪糕。”这是一位标准的游离于活动之外的同学，可是我仔细想想，这样的同学应该不在少数。你看，操场上有看书的，有玩游戏的，还有打牌的，没办法，因为他们必须是坐在观众席上的“观众”。如此现状，我们举行运动会的目的究竟是什么呢?

运动会首要的目的是营造健康运动的理念。当前，中小学生体质问题引起了越来越多人的关注，近年来我国多次出台规定，明确提出“保证学生每天锻炼一小时”。适宜的运动能促进学生的健康发展，举行运动会对促进学生阳光体育运动深入开展，展示学生积极向上、奋力拼搏的风采和精神风貌具有重要的意义。其次，成绩不是运动会的全部，体育精神才是最重要的。姚明说得好："不要过多地在乎成绩，而是要看自己的内心，能否做到挑战自己，站在更高的高峰。"体育是一种竞技运动，它带给人们的是实现自我超越那种更高、更强的拼搏精神。在本次运动会上，我们班的邓玉茜同学和张杨慧茹同学取得了年级女子跳高第一名和第三名的好成绩。整个比赛的过程我亲眼看见，尽管她们两个都没掌握跨越式跳高的技巧，但是几次试跳之后基本能够找到感觉。随着高度一点点地升高，她们奋力拼搏，不退缩，不畏惧，每一次起跳都抱着必胜的信念，我用相机记录下了她俩每一个起跳的瞬间。体育运动不是给别人看的，而是自我的身体锻炼、自我的精神挑战。运动仅仅是一种形式而已，是集身心锻炼与自我成长于一体的一种方式，为此，比赛要树立为自己奔跑的价值观。冯广寒同学是本次运动会我们班唯一一名获得两个项目奖项的同学。在400米跑道上，前半部分他起跑速度并不是太快，甚至我都觉得他没有进入状态，不管同学们呼声有多大，他似乎事不关己，但是赛程过半时他开始发力，最后冲向终点获得第二名的好成绩。赛后我问他，是不是有点遗憾，他说遗憾有一点，但他尽了最大努力。

运动会入场式后的合影

关于运动会中蕴藏的教育意义，我一直在思索应该如何发挥活动的育人本质。有一次外出学习时，恰好听到了北京十一学校李希贵校长的观点，这让我醍醐灌顶。北京十一学校过去也举行常规的运动会，也存在上述的问题，但学校后来回归了育人本质，重新审视了运动会的价值。近几年，北京十一学校不再举行运动会，取而代之的是搞春秋两个运动季。在运动季中，每个下午课外活动都有比赛，参赛人员可以根据自己的实际情况和需要随时报名参赛。比赛就是为了挑战自我，为了树立为自己奔跑的价值观，不能不说李希贵校长具有大智慧、大视野。究其根源无非就是，李希贵校长的教育理念回归了育人本质，即一切活动都是为了培养人而举办。

教育手记

布贝尔说："名副其实的教育，本质上是品格教育。"这是对教育内涵的一种深入理解，承载学生品格教育的班级活动理应更好地发挥这样的教育功能。为此，班级运动会我不看重最后的成绩，而是更看重每一个比赛环节，看重每一项比赛对同学们品格教育的历练与提升，看重为自己奔跑价值观的形成。

第五章

赢得家长合作，同助孩子成长

有人说最美好的教育关系是家长支持教师，教师和家长共同成就学生。扣好人生第一粒扣子的责任是家长，而引导孩子走向正确人生之路也少不了教师的参与。家长与教师是孩子成长之路上的双翼，只有同频共振才会让孩子翱翔于蓝天。

家校合育的书信

苏霍姆林斯基有句名言：没有家庭教育的学校教育和没有学校教育的家庭教育，都不能完成培养人这样一个极其细致和复杂的任务。班级是合力共育的生发点，书信可成为家校合育沟通的桥梁。

教师、家长是学生成长的双翼

各位家长：

十一长假，不仅是各位家长工作的休整期，更是一个总结、沉淀、反思孩子成长的好机会。在这样一段时间里，我们可以有更多的机会思考。最近，我已经收到了十几位家长写来的信件，或总结学生的变化，或反思自己教育理念的转变，或谈及孩子的学习习惯问题等。信件无论交流孩子哪一方面的内容，都是我们共同致力于为孩子构建良好的成长环境所做出的努力。也许有的家庭外出还没来得及总结，我期待着能够早日看到你们的文章，针对孩子的问题与老师及时交流与沟通。我认为能够静心总结孩子成长过程中的得与失，能够悉心和老师交流与沟通孩子成长中的优缺点，能够支持老师工作的家长是优秀的，是尽职职责的父母。这不禁让我再一次深刻地感受到教师与家长如同学生成长的双翼，哪一侧翅膀出了问题孩子都不能翱翔于天空。

我特别重视孩子成长过程中家庭教育的作用，已有拙文表述了此观点。近几天，我邮箱里不断收到家长发来的文章，读着家长情真意切的文字，看到孩子们良好的改变，突然想起前几天读到的一篇文章《最美好的教育关系是：家长支持老师，老师支持孩子》。文章里讲到了三个小故事，其中最有教育意义的是第二个小故事，这个小故事是上海的一位校长妈妈分享的。

她的女儿四年级的时候非常调皮，总是闯祸，结果到了期末，老师给出的五行评语中竟然没有一句肯定，全是批评。女儿非常伤心，回到家饭也不吃，哭着问她："妈妈，我是不是真的很差呀？"那天晚上，这位妈妈失眠了，老师的评语就连当了14年班主任的她看了也终生难忘。

她知道受批评的女儿自信心受到了打击，甚至已经开始怀疑自己了。但她又想到自己是一位中学校长，曾经无数次在讲台上分享："家长一定要支持老师！学校是孩子每天都要去的地方，家长本事再大也不可能代替老师。"

这次到了自己身上，应该怎么办？她连夜写了一封信，这封信不是写给老师的，而是写给自己女儿的：

"孩子，你见过磨刀吗？把刀放在磨刀石上磨，刀一定很疼，可是它没有发出一点声音，因为它知道只有经过这样的磨砺，才能变成一把好刀、快刀。你想变成这样一把好刀吗？如果你想，那就要经历磨砺！你睡觉之后，妈妈已经和老师通过电话了，老师说，今天的评语就是块磨刀石，就是要让你去接受反复的磨砺。当你把评语上的缺点改正之后，你就会是一把举世无双的宝刀了。"

她用这封信把老师在女儿心目中的形象挽救了回来。后来，她又和女儿谈了很多，帮她重新塑造对自己的认识，女儿还给自己写了很多中肯的"评语"。

这位校长妈妈说，这件事到今天她还是非常后怕，孩子不会从她不喜欢的老师那里学到任何东西，如果当时不是用这样的方式来处理，结果会怎么样？

她常常用这个故事来鼓励老师们要多几把衡量孩子的尺子，让孩子感觉到成功。她也会用这个故事提醒家长，老师不会故意批评孩子，遇到问题家长可以私下和老师沟通，但在孩子面前一定要支持老师，这是上策！

当前的教育现状是，家长不舍得批评孩子，老师不敢批评孩子。一味地鼓励与表扬，挫折教育远离了孩子成长的道路，于是孩子成了无法忍受一点挫折的"温室之花"。孩子最终是社会的，社会是一个大熔炉，各个方面都会有风雨，有时还是暴风骤雨。当我们的人生遇到这样的风风雨雨，如果你没有一点抵抗的能力，而当风烛残年的父母已无力再为你撑起大伞时，你就会不堪一击、一蹶不振。对孩子适合的批评是一种不可缺少的教育，当然这种批评一定是合适得当的，更应该是父母和老师目标相同、观点一致的教育合力。故事中的那位校长妈妈是明智的，如果这位妈妈直接当面否认教师的评语，或者是极力为维护孩子的自尊，寻找出若干优点来否认这种评价，我想教育就会出现问题。当一个学生从父母口中听出对教师的否定，教师的形象就在孩子心中大打折扣，没有了信奉就没了学习的兴趣，也就是间接地让孩子放弃了这个教师所教的课程。当然我也不太赞同故事中这位教师的做法，一是评语欠妥当，二是没有理解和激励，缺少对孩子教育的引领作用。

从唤醒到赢得支持形成教育合力，教师和家长需要密切配合，相互支持。仅靠教师的一腔热情，家长总是不温不火处在不支持的状态，孩子靠一侧翅膀是无法起飞的，这是多少孩子成长路上的教训啊！带这个班级已经走过了激情的9月，因为新鲜我们都会激情澎湃，接下来我们将要走进一个靠习惯、靠毅力行走的平稳期。秋天总是短暂的，那是因为大自然提示我们不要陶醉在收获的喜悦里。我们要去经历冬藏、春种、夏长的过程，接受大自然的洗礼，去挥洒汗水，体会耕作的艰辛，只有不断地付出和劳作，才能从容地迎接下一个收获的季节。

这个9月，我不仅遇到了一班可爱的孩子，还遇到了一班优秀的家长，有了家长的支持，我相信家校合育之路会走得更加宽阔，路途风景也会更加绚丽。今天和我们交流的是姜嘉贤爸爸，姜嘉贤同学是我们班一名优秀的学生，一个月以来我已经感受到了他的变化。在我眼中，孩子是一个顶棒的古诗小达人，这个月他背了近40首古诗，更值得称道的是，他竟然能够熟练地背诵《将进酒》《蜀道难》《木兰辞》《陋室铭》等这样的长篇幅诗词。孩子的兴趣不可低估，孩子的记忆力也处在黄金时期，这时我们要为孩子良好的表现点赞。其实这背后原因，还是来自家庭，读姜嘉贤爸爸的文章你可能就会寻觅到育子的真谛。

孩子从“要我学”到“我要学”的转变

孩子有幸在四年级时遇到了一位优秀教师——李老师，这会让孩子在小学的关键阶段更上一层楼。以前总以为孩子性格懦弱，心胸狭窄，李老师9月1日给我们家长上的第一节课给了我一个明确的方法：循序渐进，公平对待。尤其在家里有两个孩子的情况下，公平尤为重要，家长应该在教育孩子的问题上先统一意见，再公平对待。现在看来，作为家长，以前我们有很多事情做得是不对的，是有失公平的，所以哥哥才会对弟弟越来越斤斤计较。今天我们对两个孩子的教育已经统一意见，弟弟也越来越尊敬哥哥。弟弟现在正上幼儿园大班，但从他的表现看，他越来越以哥哥为榜样了。哥哥也越来越谦让弟弟了，知道自己身为家中老大就应该有老大的样子。

李老师给我的最大启发是，什么阶段对孩子应该有什么样的期望，不能有超出孩子年龄段的期望，否则孩子的压力会太大，不利于孩子的健康成长。所以现在孩子越懂事，我越觉得自己心中有愧，应该放手一些，让孩子拥有属于这个年龄特有的天性，恢复孩子应有的快乐。近期，李老师带领孩子们走进黄河口，看到孩子脸上绽放的笑容，看到孩子的调皮互动，我想这才是这个年龄段孩子的应有本性。

这一个月，姜嘉贤学会了细心观察，对事情有自己的感悟和理解，的确是不积跬步，无以至千里，不积小流，无以成江海。以前对孩子的作文有隐隐的担忧，但现在豁然开朗，孩子已经养成每天背诗的习惯，阅读“存折”上积累得越来越多。老师的这一做法激发了孩子们阅读课外书的热情，班级里形成了一股争先的热潮。相信这些习惯的养成将大大提高孩子的语文水平，他们必将终身受益。记得我的一个高中同学，日常就喜欢阅读大量课外书籍，他经常对我说仅仅依靠课本上的那点知识是学不好语文的，后来他考入了复旦大学。

这次走进黄河口实践活动，孩子先在网上查阅了大量有关资料，画了一幅游览图，还跟我进行了一个关于黄河主题的对诗比赛。我切身感受到了孩子不仅知道了自己要做什么，还知道了怎么做，孩子从“要我学”变成了“我要学”，这是内驱力的改变，这是孩子主动学习的表现，是最佳的学习状态，这离不开李老师的日常教导。李老师还注重对语文课本上语境语意的深刻提炼，拨云见雾，让孩子真正领会到作者的写作意图。孩子晚上回来后会时常对我讲起文中细节，并说老师讲课不用看课本，有时一篇文章要用好几堂课才能讲完，并不是一味地为完成教学任务而讲课，而是真正引领他们去用心体会，揣摩细节，积累语言，理清思路，养成习惯。每当孩子讲起这些，我颇感欣慰，这正是语文教育的真谛，让孩子养成爱学习的习惯，变“要我学”为“我要学”，极大地激发了学习的积极性。李老师用心良苦，是孩子养成良好学习习惯的启蒙老师。

时间过得真快，一眨眼孩子上四年级了，我不由得想起了当年我上四年级时的情景。到今天已经快30年了，但想到自己10岁时的事情仍历历在目。时代不同了，孩子所处的环境也大不相同，相信今天发生的事情孩子也会终生难忘的。感谢老师们的辛勤付出，感激孩子的乖巧懂事，相信在李老师的带领下，孩子一定会健康、阳光、快乐地成长。

姜嘉贤爸爸

教育手记

此文是我写给家长的第一封信，它开启了我们班级家校合育的课程。家长的教育意识需要唤醒，需要引导，只有合力施教，教育才能有为。为此，我把家、校作为学生成长的双翼，提倡双翼要同频共振，共助孩子成长。

唤醒家长

各位家长：

2015年10月11日教育部下发了《教育部关于加强家庭教育工作的指导意见》，文件中指出：“家庭是社会的基本细胞。注重家庭、注重家教、注重家风，对于国家发展、民族进步、社会和谐具有十分重要的意义。家庭是孩子的第一个课堂，父母是孩子的第一任老师。家庭教育工作开展的如何，关系到孩子的终身发展，关系到千家万户的切身利益，关系到国家和民族的未来。”

文件进一步明确家长在家庭教育中的主体责任，指出教育孩子是父母或者其他监护人的法定职责，家长要依法履行家庭教育职责。文件还提出家长要严格遵循孩子的成长规律，对小学生家长的具体要求是：“小学生家长要督促孩子坚持体育锻炼，增长自我保护知识和基本自救技能，鼓励参与劳动，养成良好生活自理习惯和学习习惯，引导孩子学会感恩父母、诚实为人、诚实做事。”文件要求：“不断提升家庭教育水平。广大家长要全面学习家庭教育知识，系统掌握家庭教育科学理念和方法，增强家庭教育本领，用正确思想、正确方法、正确行动教育引导孩子；不断更新家庭教育观念，坚持立德树人导向，以端正的育儿观、成才观、成人观引导孩子逐渐形成正确的世界观、人生观、价值观；不断提高自身素质，重视以身作则和言传身教，要时时处处给孩子做榜样，以自身健康的思想、良好的品行影响和帮助孩子养成好思想、好品格、好习惯；努力拓展家庭教育空间，不断创造家庭教育机会，积极主动与学校沟通孩子情况，支持孩子参加适合的社会实践，推动家庭教育和学校教育、社会教育有机融合。”

从我20多年的工作经验来看，家庭教育的差异是造成孩子差距的重要原因。有些家长目前还用传统的方式教育自己的孩子，认为父母教育我们这一代的时候就是让我们自由成长，效果也挺好。但是，大家都忽略了一点：那个时候家长都不管，都没有能力管，我们的起步是一样的。如今，家庭教育的差异在一定程度上给孩子造成了差距，一是由于家庭的文化素养和家庭教育氛围不同；二是由于家长的教育意识不同。这些现象都有鲜活的例子，前几天我收到了周思霖妈妈的育子心得，我们不妨一起来看看这位家长的感悟。

和孩子一起成长

九月，对我们家来说是一个崭新的开始，女儿上四年级了。从一年级开始，我的教育方法是“放养式”，我一直认为孩子不用管，该到什么时候懂就自然什么都懂了；还经常沾沾自喜地认为“树大自直”，孩子不用教，大了自然而然什么都会了。一、二年级还真的看不出什么来，可到了三年级我明显感觉到孩子学习吃力，再也看不到满分的试卷。虽然我不认为成绩是考核孩子唯一的标准，但是成绩却是考查孩子知识是否掌握的方式。从最初的认真做作业，到不愿意做，不想做，再到写作文愁得在数字数，这一系列问题一一摆在了我的面前。

9月1日，新班主任李老师给我们家长上了开学第一课——家长会。这次家长会有些特别，不再是满满一屋人，而是分了4个小组，每组11位家长，是一个圆桌式的会议，各位家长围在一起说出孩子的喜好、优点、缺点。会上李老师讲道：“没有有问题的孩子，只有有问题的家长”“每一个孩子都是好孩子，每一个孩子都有优秀的一面”。我觉得老师说的观点太对了！在这次课上，老师对家长只关注学生成绩与分数的观点进行了矫正，要求我们对孩子多鼓励，多表扬。是啊！曾经多少次，我们只看到了孩子考了多少分，从来没有找找分数背后的原因，从来没有平和地坐下来和孩子谈谈心，分析考试的得与失。我们只是一味地要求孩子好好学习，听老师话，在学校不要惹事，回到家里说的最多的话就是“快快快，别磨叽，快写作业”。当孩子有问题不会的时候，我们还会不耐烦地说：“为什么不会？你上课怎么听的？写个作文都不会，你还会干啥？”李老师的这一课给了我“当头一棒”。原来我真的离女儿越来越远了，远到我除了忙个人工作、除了抱怨外什么都不会。

女儿本来是很优秀的，但是就因为我不会教育，就因为我的抱怨和指责，使她变得越来越胆小，越来越不自信。因为当试卷和分数放到我面前的时候，我真的没有一句鼓励，考88分、考90分、考92分得到的都是：“为什么考这么少？你们班最高分是多少？你怎么考这么差。”我真的很后悔！有一次看到女儿在作文里写道：“我的妈妈爱玩游戏，最爱玩的是斗地主，每次问妈妈问题时她都不耐烦地说‘去去去，先打完这把再说’。”写到这里我真的很羞愧，我决心要改变。

老师说了，不爱读书的孩子后面一定有位不爱读书的家长，所以从9月份开始我把手机上的游戏全都卸载了，不再为自己找借口，每天回到家就陪着女儿一起看书，为她答疑解惑。在第一次的写作中，孩子鼓起勇气写了一篇《快乐的星期天》，受到了老师的表扬。回到家里孩子很高兴地一遍遍跟我说，她的作文被老师点名表扬了，她要好好学习。老师要求阅读和背诵古诗。孩子自觉的学习和被动学习的效果是不一样的。孩子早上上学的路上背，自己在车上也背，还常常和我交流她怎么背也背不会的句子，我也会从意思上为她解答。榜样的力量和表扬的神奇作用就这样改变了孩子。

所以，亲爱的家长们，每个孩子都有优秀的一面，每个孩子都需要呵护和理解，每个孩子都是天使，是上帝给予父母最好的礼物，每个孩子的生命都与众不同、独一无二，所以请一定要加倍爱护我们的孩子，让我们爱得有方法、有水平，让我们从亲子阅读开始，与孩子一起成长，尽到做父母的职责，给孩子一个美丽的童年、一个健康成长的起点。

周思霖妈妈

读了周思霖妈妈的文章我深受感动，家长觉醒了、跟进了，学生的成长就有了保障。孩子有了父母做榜样，迈入优秀行列还会远吗？

教育手记

两年的带班生活，周思霖给我的印象最为深刻，她从腼腆、胆小，还有点不太自信到毕业时形成了落落大方、阳光开朗的性格。这一变化过程，我是经历者也是参与者。当然，这一变化主要起源于家长的醒悟，得益于家校携手共育。在合适的年龄，用适宜的方法引导孩子，孩子可能会有转折性的改变。

孩子不会平白无故优秀

各位家长：

四年级小学生开始迈入小学学业的定型期，也就是说小学生的学习习惯、学习能力开始走向巩固与养成阶段。经过多年教学经验总结我发现，学生在小学阶段的学习习惯对今后的学习会起到至关重要的作用。要想让孩子养成良好的学习习惯，形成学习能力，走上优秀的道路，家长跟进式的家庭教育至关重要。

小学阶段以三年级为界限可以划分为前后两个阶段。前一个阶段即小学低年级阶段。这一阶段学生从无序学习开始走向有序学习，要想让孩子养成好的学习习惯，家长必须参与式地跟进孩子的学习生活。就当前城镇学生的发展现状来看，家庭教育对学生的发展在某种程度起到了决定性作用。在这里，我特别提出"参与式跟进"，这主要区别于有些家长简单陪伴式的家庭教育。"参与式跟进"和"陪伴式家教"，对孩子的培养效果是完全不一样的。"参与式跟进"指的是家长和学生共同学习，家长真正参与到学生的学习过程中，融入学生学习的进度，进行跟进式的指导，学生出现问题家长能及时发现并随时纠正。"陪伴式家教"就是家长没有融入孩子的学习过程中，仅仅处于孩子学习的旁观陪伴的地位，家长只过问作业是否已完成等这样只注重结果的游离式辅导。家长这种陪伴式的指导没有真正参与到学生的学习生活中，是游离在学生的学习秩序之外的，这样的教育效果一定不佳。另外，有个别家长一边陪孩子写作业一边玩手机，这种陪伴更是要不得，不但对孩子的学习没有促进作用反而会影响孩子的学习。因此，教育孩子仅靠关爱是远远不够的，只有懂得孩子的成长规律适时施教，他们才会有好的未来。

邻居家有个小男孩今年9月份上小学，上学前其家长咨询我要不要上社会上的学前班或者幼小衔接班。对于这一类培训班我一直不认同，这样的社会培训班正规程度有待考量，而且培训班的师资也良莠不齐。小男孩的家长听了我的分析，上学前没有把孩子送到这样的培训班中，而是送到了一个机器人兴趣班。一个暑假孩子对机器人非常感兴趣，动手能力大大增强，专注力也得到极好的训练。然而焦虑的9月还是如期而至，开学刚刚两周，孩子家长再一次找到我说，老师反映孩子学习跟不上，在班里几乎都成了倒数，老师要求孩子报补习班。这原本是一个非常聪明的小男孩，按照正常规律来说不会出现这样的问题。但家长焦虑至极，我一听就猜到这个老师一定是年轻教师，缺乏教学经验。周末，我把孩子带到办公室了解情况，家长所说的带声调的单韵母孩子读得熟练至极，然而当我把单韵母顺序打乱后孩子竟然不认识了。我马上就明白了，孩子这两周的学习是家长的辅导出了问题。教学不抢跑，教师不能让早学的孩子带跑，这是一年级教师特别要注意的。对于不抢跑的孩子，家长特别需要跟进式的辅导。孩子这个时候也特别需要家长的支持和帮助，家长的参与为其补短板，孩子就会获得更多的自信心。如果家长参与式跟进不到位，不抢跑的孩子与抢跑的孩子相比会出现落后的现象。过后我和家长交流，果不其然，晚上家长没有和孩子共同学习，也就是没有参与式跟进，只是简单地询问孩子读过了吗，让孩子读给家长听听。殊不知，孩子早就背过了，而不是真正的认识。当用到这样的带声调韵母和生母拼读的时候，他就要从头按顺序背，然后再拼读，显然孩子的拼读就出现问题了。我告诉家长把带声调的单韵母制作成卡片，和孩子通过做游戏的方式来抽取认读，然后再和孩子一人出声母卡片一人出带声调的单韵母卡片组成音节拼读。家长吸取了教训，改变了简单的陪读，积极地参与到孩子的学习中。一周之后，小家伙看到我下楼，趴在窗户上对我大声喊："叔叔，叔叔，b-ái c-ài，bái cài，我会拼读了。"看他那兴奋的样子，我就知道这一周他学得一定不错。果不其然，家长反馈，孩子学习没问题了。这仅仅是一个家长跟进式辅导的例子。学生在没有形成自己的学习能力与习惯时，家长这种参与式跟进是养成学生学习习惯最为重要的保障。

有专家说8—14岁是孩子阅读的黄金期，在这一时期如果缺失了科学的指导和大量的阅读将会给孩子造成难以弥补的缺憾。为此，接手这个班级以后我开始培养孩子们的阅读习惯，采取了阅读“存折“和学币奖励、组织与作家面对面交流等活动，来激发他们的阅读兴趣，然而有些孩子却没有从兴奋走向兴趣。也许这些孩子家中缺少阅读的氛围，也可能是家长没有重视或者没有参与孩子的课外阅读，缺少和孩子共同交流的语言密码。家长只顾买书，而不读书，更不参与孩子的阅读，这是孩子在这样的关键期不喜欢阅读的症结所在。仅靠教师强压下的措施，孩子如果没有阅读的兴趣，仅仅是完成阅读任务，而没有激发起阅读的内驱力，这样的阅读不会持久，更不会成为他们的习惯。

到了小学中高年级，孩子走向优秀，不仅靠习惯，更要靠自我管理能力和意志力。三年学习生活下来，有的孩子放学回家首要任务是写作业，有的孩子首要任务是玩游戏；有的孩子遇到困难会想办法查资料，从而获得学习的成就感，有的孩子遇到难题就把球踢给家长，甚至直接空着不做。面对这样的状况，家长如何处理？采用不同的方式，就会造就不同的成长结果。由此看出，孩子的优秀绝不是平白无故的。作为家长的你们应该有所启发吧！

教育手记

学生的成长不能缺少家长的陪伴，高质量的陪伴是家长参与式的介入，而不是旁观式的守候。参与式的介入会获取家长和孩子共同成长的语言密码，旁观式的守候会让家长和学生成为平行线，距离不远，但是总不能相交。

赢得孩子的合作

各位家长：

赢得孩子的合作是教育孩子的最佳方式。孩子是随时随地都在发展和变化的社会人，他们有自己的思想，需要实现自我的价值。对待孩子的方式不能简单地归结为批评和奖励，我们应该在让孩子形成良好自我价值感的基础上，培养孩子对自我的认识以及对老师和家长的认可和信赖。我们要做的不是“赢了”孩子，而是“赢得”孩子，得到孩子心甘情愿的配合。否则孩子就学会了通过观察别人的反应来判断自己行为的对错，失去了自我评价和内省的能力，从而逐渐被老师和家长培养成“讨好者”或是“总是寻求别人认可的人”。根据科尔伯格的道德发展理论，这样的学生还处在道德观念发展较为低级的层面，也就是说这个阶段的儿童认为一个人的行为正确与否，主要看他是否为别人所喜爱，是否对别人有帮助或受别人称赞。但是，我们要培养的学生应该有自己的道德准则，并知道自己要如何做人。其实想要赢得孩子的合作并非难事，只需要经过四个步骤：首先，表达对孩子感受的理解；其次，表达对孩子的认可；再次，告诉孩子你的感受；最后，让孩子关注问题的解决。只要赢得了孩子的积极合作，教育便会收到最佳的效果。

赢得孩子首先要理解孩子。孩子的成长就是一个不断犯错改错的过程，没有错误不叫孩子，他们的错误往往是探索新知和自己的好奇心导致的，面对孩子这样的错误我们要学会容错，否则你严厉的责备，只会让孩子缩手缩脚，他们的想象力和创造力就在畏缩中丧失了。面对孩子的错误，我们一定要学会容错、纠错，而不是批评、呵斥。很多孩子都犯过给手机洗澡、在墙上胡乱涂鸦这样的错误，这哪里是孩子的“坏”，只是孩子探索生活的结果而已。

赢得孩子还要和孩子共同学习、共同进步。如同王梓瑞妈妈所言：

"我深信作为家长是要和孩子一起学习一起进步的，这样不仅能够正确引领孩子成长，更能融合亲子关系。"我们和孩子有了心与心的交流，就会赢得孩子的认可与尊重。其实家长和孩子共同学习、共同阅读就是拥有了共同的成长密码，拥有了共同的语言，这是父母走进孩子内心世界的桥梁。我们看到很多孩子和父母沟通不善，尤其是到了青春期，因缺少家长的引领而走入了误区。

在学习上赢得孩子，就要激发起孩子学习的热情，赢得他们的主动性。一旦赢得了孩子，学习就成为一件开心快乐的事。在这样的学习状态下，孩子距离优秀的行列就不远了。一个月以来，我想尽办法来赢得孩子，激发他们的学习兴趣和学习积极性。通过各位家长的文章和实际课堂的感受，我相信我已经赢得了班级大部分同学。王梓瑞同学就是一个典型的代表：她不仅能够写一手好字，更重要的是她在学习中表现出了良好思维品质，爱思考、会思考、思考深，学校里，课堂上下都有她思考的痕迹。具备这种良好的学习能力是她今后取得优异成绩的基本素养和根本保障。这样的素养我想不是一朝一夕培养起来的，除了课堂上的引领和培养之外，还应该有家庭氛围的熏陶。

教育手记

教育的效果有时不够明显，究其原因往往是教育者一厢情愿，受教育者的主观能动性没有得到激发，其教育活动是被动的。因此，赢得孩子的合作，发挥其主观能动性，一切教育皆能成功。

“种瓜得瓜，种豆得豆”的启示

各位家长：

近日，读到江苏省特级教师孙双金发表在《语文教学通讯》杂志上的文章《种“豆”岂能得“瓜”》，感受颇深。文章写的是中央电视台综艺频道《向幸福出发》栏目的一期节目，内容是六岁的天津小姑娘李尚荣引经据典，不仅能够运用古诗文进行自我介绍，用古文表述自己的观点，还能用古文体形容两位主持人。从她身上展现出的中华古诗词文化储备惊艳四座，让观众折服。追究李尚荣的成长经历，解析她拥有如此深厚文化底蕴的原因，原来其母是一位博学之人。家庭读书的文化氛围浓厚，孩子从小耳濡目染，家长有意识地引导孩子从小读《易经》《诗经》《唐诗》《宋词》。所以，孩子就是在阅读这样的语言文字中成长的，这些经典的古诗词文化和语言已经融入了她的生命，她自然是“腹有诗书气自华”。

孙双金老师用这样一个事例说明“种瓜得瓜，种豆得豆”的道理。反思这句话，我们必须认真思考，究竟我们给孩子的童年播下了什么样的种子，到底是种了瓜，还是点了豆？这不由得让我想到班级中总有一部分学生作业是完不成的，总有一部分学生的学习品质与能力不足。其实，每个班级都会存在这样一部分学生，仔细调查就会发现，这部分学生有这样的不良习惯并非“一日之功”，可以说“冰冻三尺非一日之寒”。追其根源，这部分学生学习习惯不良是因为家庭教育不够。有些家长根本无暇顾及孩子的学业，作业不过问，学习情况不过问，学校生活不过问，任孩子纯自然发展。有些家长因各种原因从不把孩子的成长纳入自己的事业范畴，完全放任，完全放手，托给学校。其实这两种现象是极其错误的，孩子的成长应是每一个家庭的重大任务，应是每一位家长毕生的事业。家长不可能都成为李尚荣妈妈那样的博学之人，但至少我们能够成为读书人，给孩子营造一个读书的氛围；我们不可能精通国学，但至少我们能够跟进孩子的学习与成长，在他需要帮助的时候，能及时给予帮助。然而，有些家长没能做到，他们让家庭教育成为空白，没有及时给孩子播下优质的种子，所以种瓜一定得瓜，种豆一定得豆，基因突变毕竟是偶然的现象。

为孩子播种的除了家长还有教师，我一直坚信家长和教师是学生健康成长的双翼，要想让孩子凌空翱翔，两翼必须同频共振。今天，我和同学们共同学习人教版语文四年级下册第一课《古诗词三首》。课后有一个问题是：你还背过哪些描写山水的古诗词？这样的问题对于已经积累了几十首古诗词的同学们来说当然不在话下，同学们当场就背出了《望庐山瀑布》《江南春》《凉州词》《望岳》《宿建德江》等十几首古诗。虽然我们班的同学们此时比不上李尚荣同学舌灿莲花，但经过一学期的背诵积累，这些古诗词已经丰腴了他们的语言，让他们初步领略到了古诗文的音韵之美、意境之美和形象之美。这学期我为同学们播下了古诗文的种子，种子已萌芽并生长，相信明天一定会收获博学之士。因为我坚信“种瓜得瓜，种豆得豆”的道理。

教育手记

为人父母就应该在子女成长的关键节点适时播种，要想得瓜就得种瓜，要想得豆就得种豆。如果错失了最佳的播种期，就有可能酿成终身无法弥补的遗憾。春误播种，地荒一茬；人误教育，则毁一生。教育孩子就需要有预见性，你今天给予的就是明天收获的，你今天缺失的就是明天失去的。因此，明天你想要什么，今天就要播种什么。

把孩子带进书店

各位家长：

周末我最惬意的事情就是带女儿去图书馆读书。不是在家不能读，家里也有不少图书，但家里读书的气息不如图书馆里浓厚。在图书馆读书是享受，读的是氛围，读的是乐趣。眼中满是一摞摞图书的影子，耳中充盈着窸窸窣窣的声音，心中氤氲着书香，这样的环境会让人全身心地沉浸其中，让心灵觅到一处宁静。我享受沐浴书香的感觉。

来到图书馆读书还有一种无形的享受，就是与同品味的人为伍。走进图书馆的人，必定是爱书之人；在图书馆里阅读的人，必定是有一定文化品位的人。我们因为志趣相投，即便不交流，品味也相近。这不像在商场或其他公共场所，各色人流、各种层次的语言交织在一起，形形色色的人群构建成多品味的社会生活。图书馆清一色的爱书之人构成的一汪清泉，清澈而宁静。我们离不开多品味的社会生活，更需要在一汪清泉中修身养性。踏进图书馆就想到《陋室铭》中的名句：谈笑有鸿儒，往来无白丁。当今刘禹锡之辈清高的读书人不与生活中的俗人同流合污的年代已经不复存在了，当下更加多元的生活让你我编织成为社会大网中的一个个节点。即便如此，我们还应不忘初心，通过读书提升个人素养。

今日，我从书中醒来，抬头一看，望见一男子仰卧在图书馆的窗台上呼呼大睡，旁边则依偎着一个小男孩正津津有味地读书。且不说这位父亲的举止与公共场合极不相符，我更不解的是家长如何为孩子做好榜样。如此场景，简直颠覆了我前一段时间写的一篇有关“种瓜得瓜，种豆得豆”的文章，难道这就是基因突变，不读书的家庭也会出现爱读书的孩子？我真心为这位爱读书的小男孩点赞。这位父亲虽然不读书，但至少他把孩子带进了可以读书的图书馆，满足了孩子的愿望，给了孩子阅读的机会。这位家长如果在阅读方面再给孩子树立一个榜样，这名小男孩也许会更加优秀，也许能在父亲的指导下找到阅读的方法与路径，收获会更大一些。

各位家长，你们能从这个故事当中体会到什么？

教育手记

写这篇文章时我想到了“静待花开”这样的教育理念。静待，首先表达了教育者的一种姿态，表明要按照事物的发展规律来施教。然而，如果是不作为的静待，我认为花期不会如期到来。就像这位父亲，把孩子带进图书馆是一种姿态，然而酣睡式的陪读也许会让这种静待的周期变长吧！

不应该用伤害的方式爱他们

各位家长：

生活中我们经常使用让孩子难过的方式去爱他们。在教育孩子们的过程中，我们经常会使用指责（如“你怎么……”）、惩罚（如“你要怎么……”）、羞辱（如“你将来……”）、利诱（如“如果你……就可以……）等这样的方式，这些都表明我们在教育孩子的时候沟通方式出了问题。为了让教育结果具有所谓的分量和说服力，父母和老师经常以爱之名对孩子采取暴力或冷漠的教育方式，殊不知这样的爱让我们的孩子感到难过。

让孩子做得更好，就得先让他们感觉到很糟糕，其实这种教育方式是有问题的。有一种教育理念叫正面管教，理念是用和善与坚定去赢得孩子、用启发引导犯错的孩子。“如何不惩罚、不娇纵地有效管教孩子”是无数家长和老师所亟须解决的的教育难题。正面管教提到“积极的暂停”便与我们平时讲的“冷处理”有异曲同工之处。要想赢得学生的赞同和支持，首先就得冷静下来，任何问题都应该在心平气和的前提之下，才能得到妥善的解决。犯错的学生需要“暂停”下来去冷静地思考自己做错了什么，老师也需要时间去设身处地理解学生的行为目的或动机。严厉的训斥或许可以迅速地解决一些问题，但是这种做法没有尊重学生，而且从长期效果来看，也是不奏效的。我们希望看到的是学生能够正视自己所犯的错误，并且在以后遇到类似问题时能做得更好。

正面管教的理念给我们提供了一条行之有效的方法——用启发性的问题引导犯错的孩子。启发性的问题首要目的就是让老师和家长停止直接告诉孩子答案。当孩子的思想或行为不恰当时，我们要帮助孩子分析接下来应该做什么，让孩子学会自己分析和总结，最终与孩子一起选择最佳的解决方案。这种方式的好处就在于，可以减少孩子的负面情绪，让孩子从内心深处认识到自己的错误，如此一来孩子能对解决方式更加认同。这种教育方式是在互敬与合作的基础上，教会孩子理解和宽容他人，对自己的一言一行负起责任，这值得我们在平时的教育教学工作中大胆尝试。

教育手记

教育技巧的奥秘在于如何更好地爱护学生，让我们的爱从心底出发。但是，选择的教育方式不同、路径不同，结果往往是不一样的。教育方法不应该用好坏来区分，更重要的是看是否合宜，因此合宜的教育就是最好的教育方式。

向乡村孩子学习

各位家长：

我想让你们读这样一个故事，看看对我们教育孩子有什么样的启示。

2015年在乡村支教期间，我带外教来支教学校上课，课后和外教参观校园。外教看到校园环境疑惑地问身边的翻译刘佳老师，这样整洁的校园是孩子们动手打扫的吗？当得到我肯定的回答时，他不由得伸出大拇指连声说道："Very good! Country kids are great." 此情此景让我想到了前一段时间在《中国教育报》上读到的一篇文章——《为何说乡村孩子是人力资源的富矿》。作者在这篇文章中指出，农村孩子在某些方面的能力要超过城市孩子，比如独立性、生活经验等，而这些正是一个人原始创造力的来源。百闻不如一见，在支教学校生活的这段时间，我深刻感悟到这句话的内涵和背后的教育意义。乡村孩子这些原生态的品质，会时时地让人感动，可是对于他们来说这些已经是一种常态、一种习惯、一种品质。清晨到校后，学生自觉地拿上卫生工具清理班级的卫生区；午餐时间，高年级学生帮助低年级学生打饭，并自觉地维持餐厅的纪律；课间操场上，高年级学生为低年级学生系鞋带、扣扣子；放学路上，高年级学生带着低年级学生过马路等这样的场景时刻在眼前上演。这些事情在乡村的校园里已经成为一种常态，并非是什么新鲜的事情了，我想这不就是乡村校园最质朴的学校文化吗？乡村孩子的勤劳、质朴、自立氤氲在校园的角角落落，我不禁感叹，这些行为不正是一个人美好品质形成的最初萌芽吗！这些品质的形成奠定了乡村孩子将来成为人力资源富矿的根基。

清晨，当乡村校园里孩子们挥舞着卫生工具打扫卫生的时候，即使没有老师在现场，他们也能够极其认真地完成任务。孩子们打扫卫生这一小事看似不足挂齿，但我总认为这里大有教育意义可言。教育部下发了关于劳动教育的文件，其精神明确了劳动教育在孩子成长中的意义，而我更感受到这些劳动背后对于人格品行形成的价值。乡村孩子自己动手打扫环境卫生，不仅是一种劳动能力的培养，更是孩子们最初的责任心和担当精神的培养与启蒙。值日生把值日看作一种责任，他们要完成相应的任务，为同学们创造舒适的学习环境。在这种环境中长大的孩子，在以后的工作中一定会有敬业之心，也会有责任心和担当精神，而且更容易取得事业上的成功。一个人成长需要责任心的培养，也需要担当精神的凝练，这些作为人生底色的品质不是在课堂的说教中形成的，而是在学生的劳动实践中慢慢形成的。乡村孩子成长的环境是纯天然的、原生态的，这培养了他们勤劳、质朴与自立的品质，而这些品质就是人生的富矿。

社会的发展造成了城乡教育资源的差异，我们应该思考的是怎样看待这种差异，怎样有效利用差异使其发挥最大的育人功能。城市孩子享受了更多的优质资源，我们不难发现周末人满为患的地方一定是社会上各种培训班集中的地方。周末本应该是休息的时间，可是如今却成为孩子和家长最忙碌的时间。试想一个孩子总是生活在这种上满弦的节奏上，总是处在快节奏的生活状态，他就可能变得焦躁与不安，也许这就是城市孩子更容易患焦躁症或者自闭症的原因之一吧。而生活在乡村的孩子则把童年生活放到了自然中，在和小伙伴的游戏中，在跟随父母的田间的劳作中，体验了生活，收获了成长。任何人的成长都需要尊重自然规律，孩子就如同农民地里种的庄稼，既不可拔苗助长，也不可逾越任何成长的节点。

学生在田间体验劳动

乡村慢节奏的生活规律和自然的生态环境，让我感受颇多。在这接近一年的支教生活中，我深刻感受到大自然无疑是最美的学校。每当我早上驱车离开喧器的城市，迈入自然清净的乡村校园，紧张的心情变得自然而舒展，心灵的释然让我精神瞬间愉悦。乡村学生朗朗的读书声混着乡间浓浓的青草气息扑面而来，令人感觉如此优雅而舒适。乡村不仅是心灵舒缓的自然氧吧，而且沉浸在其中的孩子能闻到花香，听到鸟鸣，喝到山泉，尝到野果，这何尝不是一种自然的生长状态！人因身处自然而各种感官变得灵敏，对新鲜事物保持着足够的敬畏和好奇。人生就像一场马拉松，不在于你的起跑有多快，而在于你能否坚持到终点。乡村的大自然赋予了孩子们坚强的意志、友善的品质、朴素的情怀，这些品质一定是人一生开采不完的富矿。

在乡村享受大自然馈赠的孩子们，在真实的自然环境中度过，在真实的生活中体验学习、认知，在真实的自然环境中铸就人生所需要的品格，让自己的生活与大自然紧紧相依。我相信，这些孩子在生命中播下最美好的品质，当他们迈入暮年，回味咀嚼逝去的岁月时，童年时期形成的品格会成为他们一生中最有味道的东西。

教育手记

在当今劳动教育弱化的情况下，城市孩子的教育在这方面是有缺失的，这种缺失容易造成孩子抗挫能力不强、意志力淡薄、自理能力较差。为此，我们应该向乡村孩子学习。劳动教育回归，时不我待。

相逢是一首歌

各位家长：

青春悄悄地从我身上溜走，换来的是写满教育记忆的银丝。岁月的轮回伴随着一届又一届的学生留下了一支支难忘的教育之歌。年轻时我用工作激情演奏，如今我用对教育的敬畏之情演奏，无论何时何地我都竭尽所能谱写最美的教育之歌。我要把美好留给每一位学生，把他们的童年沉淀为永恒的记忆。

教育之歌需要合奏。一个优秀的声部是无法达成好的演奏效果的，家校合育这个声部更是教育不可或缺的部分。我们班级每一次活动成功的背后都是因为有一群默默付出、重视教育的家长。远足那次活动我们策划许久，但是真正准备的时间却仅仅两天。尽管时间短暂，但活动组织得非常完美，那是因为有一个特别能战斗、特别给力的家委会团队。

为了保障这次远足活动顺利进行，两天时间家委会成员做了如下准备工作：拟定活动方案，下发通知；实际行走路线踩点，到活动地点实地考察并与植物园管理方协商事宜；印制队旗和文化衫，设计并购置纪念奖牌；购买活动所需用品；联系蓝海酒店定盒饭；人员分工，准备备用应急车辆等一系列事情。工作量大，时间紧迫，然而这个强有力的团队做到了。一个活动的组织涉及方方面面，如果仅仅依靠班主任那远远不够，即便组织了活动也无法让活动丰满，活动的教育效果也就会大打折扣。这次活动的组织让我再一次感动，感动家委会成员的支持，感动他们的组织，感动他们的效率。我们的家委会成员常常把“李老师只管出创意，我们一定能办好，都是为了我们的孩子，付出再多也值得”这样的话挂在嘴边。其实，他们都把家校共同的教育目标放在了心里，表现在了行动中。会长刘钰姝妈妈出差深夜返程，第二天坚持参加活动，为活动航拍；常晨阳妈妈脚崴伤就选择开车随行保障活动进行；周思霖家长双双上阵为活动服务；李文康家长因工作关系不能亲临现场，但负责了所有的文案工作；岳修宇家长和邓玉茜家长随队护航；张芮萌家长和王梓瑞家长成为坚强有力的后勤保障力量。另外，尚云亨及王思怡家长与植物园管理方多次协调与沟通，保障了活动的顺利进行，让我们享受到了植物园管理方提供的优质服务。活动临近结束，同学们还享受了周志蕊家长送来的雪糕。

这也许是孩子们毕业之前班级组织的比较大型的活动了，写下你们的名字更多的是因为想表达感谢，教育的路上每一位家长的支持与付出都化成了一个个跳跃的音符，为孩子的成长这一主旋律演奏出了我们班级独有的华彩乐章。

此次远足活动的另外一个亮点，就是植物园中王思怡和王梓瑞两个同学的个人画展。用刘籽加同学的话来说，就是“这是活动的意外惊喜”。这个活动的创意其实来自2019年元旦王思怡同学为大家赠送绘画贺卡这件事。她是一个爱画画的孩子，毕业之前我要为她和同学们举行一场值得纪念的画展。这样一个活动，是为了激励孩子；这样一种方式，是为了提升他们的自信心；这样的一个场合，是为了给班级其他同学树立一个榜样。画展上专业的画家来了，上美术课的老师来了，执教校本课程的老师来了，亲朋好友也来了，留言册上留下了大家浓浓的祝福，王思怡和王梓瑞成为今天活动的最大受益者。画展给予他们更多的空间，让他们自在地去展露各自的天赋。

这是活动创意的初衷，然而仅有我的这一份创意不足以把这个活动做成他们难忘的童年记忆。活动取得良好的效果，主要是因为王思怡和王梓瑞同学相逢了两位特别关心她们成长，特别重视教育，非常懂得培养孩子的妈妈。王梓瑞的画展似乎就是她绘画之路的成长史，从五年前她稚嫩的绘画照片一直到日趋娴熟的绘画及书法作品，这里面无不流露出家长的精心育儿理念以及巨大付出。王思怡的画展让她的绘画天赋和勤奋努力尽在美丽的植物中飘荡，布展的妈妈似乎比我们步行15公里的同学们还要劳累，但是幸福写在了她的脸上。写满幸福的笑脸上，清晰地镌刻了家长为孩子的辛苦付出。没有哪个孩子能够随随便便就走向成功，他们的每一步都需要家长巨大的付出，躬身作为孩子成长的路基。父母不能在孩子成长的道路上及时躬身做桥梁，孩子很难迈向更高的人生舞台。重视教育且能够坚持付出的家长，与儿女一起奏响的是优美的亲情之歌。在这首亲情之歌中，歌曲的优美程度不仅取决于孩子的成绩，更取决于父母为孩子付出的多少。

每一次相逢都是一首歌，歌手是你和我，每首歌都不曾有，也不再有……

教育手记

两年来，我们用这样的方式沟通，让书信成为家校合育的纽带。我是小学老师，我善于用故事来教育孩子们，因为这样的方式改变了硬性说教，他们更容易接受。我也善于给家长讲故事，也希望他们通过这样的故事或事例寻觅到教育的真谛。

班主任工作中，我不仅教育了学生，同时也唤醒了家长。我的理念就是，在人生路上，学生一定会遇到隆重的庆典。虽然两年时间转眼即逝，但是家长教育理念的改变，有助于孩子踏入了优秀的行列。在我们携手共助孩子成长的道路上，我采撷两篇小文以作纪念。

陪伴，就是一起去经历

暑假，7月17日东营开启了“烧烤”的天气模式，在这炙热的天气中我从“朋友圈”获取了一个更有热度的事件——我们班的郑佳森同学和爸爸开启了徒步行走的旅程。起初，从照片上看到那个挥汗如雨的小伙子行走的场景，我本以为这也许是他们父子两个的一个小活动而已，然而连续几天我都从“朋友圈”中看到他们不断更新行走的照片。不断变换的驿站让我想到这不是一个小活动，而是一段意义非凡的长途跋涉，是一个了不起的挑战。尽管当时我还不知道他们此行的目的及意义，但是他们挥汗如雨的行走场景，他们露宿马路午休的视频，不断地冲击着我的视觉，感动着我的内心。于是，“朋友圈”里我从开始的简单点赞，变成了写一段鼓励留言。我想这样一个活动对学生来说教育意义极其重大，会在孩子一生的记忆中画上一道优美的弧线。几天的行走，几百里的路程，其过程一定会有非常多的感受与收获，开学之

郑佳森家长在家长会上进行经验分享

后我一定要邀请郑佳森爸爸和大家一同分享。

2018年9月14日，我们新学期的家长会上我邀请了郑佳森爸爸为我班全体家长做了一次精彩的小报告，和我们共同分享了他们行走中的收获和感悟。郑佳森爸爸在活动中的感悟和所得引发了各位家长的情感共鸣，同时也给在座的各位家长在子女教育方面上了厚重的一课。

行走准备磨炼孩子的意志。决定此次活动是生活中的事件给予了家长启发。当郑佳森爸爸目睹了身边同事朋友的孩子因为受挫能力差而离家出走这样的事件时，他产生了对孩子进行挫折教育和磨炼意志力的想法。作为一个男孩子或许更需要这样的素养，这是家长最真实的想法。然而，这样的素养形成不可能靠父母的说教就能够实现，这些大道理对于孩子来说，大多是空话、套话，毫无说服力。如何才能让这种教育真正落实到孩子的身上，内化为他的一种品质？最好的办法就是去体验，去真实感受，鉴于这种想法，便有了这次活动的初衷。

只要家长放手，孩子比我们想象的优秀。孩子的娇气和懒惰其实都是父母给的。“一年最热的天气里，我们傻乎乎地徒步旅行，似乎有点可笑，然而活动结束后回想起来却感觉十分有意义。本来想借这次机会，好好教育一下孩子要学会坚持和吃苦耐劳，甚至都想好了孩子退却时候的教育话语，结果这些话都没有机会说出口。在这次旅行中，我们每天早上5点多就要起床出发，行走时间最长的一次下午2点才找到吃饭的地方。但是孩子都坚持了下来，早上一叫醒就迅速起床，迷迷糊糊地背起背包就出发，这在家里是做不到的。”郑佳森爸爸感慨地说。我们放手了，他们其实能够自己飞翔，并且远比我们预想的要好得多。郑佳森用实际行动证实了这个结论。

孩子需要成长的伙伴，需要平等的交流，需要榜样。只要家长放下架子，蹲下身来和孩子平等地交流与沟通，父母就是孩子身边最好的成长伙伴。孩子是很愿意和家长交流的，但要想交流出自他们内心的真情，就需要一定的平台。如果是家长在说，孩子在听、在点头，这是单方面的交流，只能称得上是说教。交流应该是两个人的事情，孩子只听不说是无法逾越两个人之间那条心理鸿沟的。“这次行走其实也是我人生中第一次走这么远的路程，对于我来说同样陌生。所以一路上，我已经没有了家长的风采，只是一个和孩子相依相伴的大人而已。我们父子这四天聊的天要比平时一年聊的都要多，因为共同的目标，我们共同商量着怎么休息、怎么吃饭、怎么住宿，绝大多数情况下我会尊重孩子的意见。在这几百里的路上，我们父子牵手的次数比孩子成长的十几年的牵手次数总和都要多。这一段行走，我就是孩子的伙伴，甚至有些时候孩子会成为我的精神动力和精神支持。"郑佳森爸爸由衷地说道。平等才有交流的基础，共同经历才有走心交流的机会。

"孩子的成长需要家长陪伴，但陪伴不仅仅是在一起，而是一起去做。我一直记得，孩子成长的年纪需要父母的陪伴，也一直这样去做，只要有时间就陪他玩一会儿，或看电视、或看电影、或外出旅行。每一次完成的时候，我也总是问问他感觉怎么样。而他总是面无表情地说'还行'。这两个字曾经让我有发脾气的冲动。这次旅行回来，我没有问孩子感觉怎么样。有一天当我开车载着他回老家的时候，他突然指着一条路说：'爸爸，这是我们走的那条路。'看到孩子神情兴奋，那一刻，我自己也特别感动。我知道，在以后的日子里，他的回忆里总算真正有我的影子了！他会说'那一年，我和我爸爸怎么样怎么样……'家长的陪伴不是在一起的说教，而是一起去做、一起去经历……谢谢孩子的陪伴，让我又多了一份美好的回忆。"

郑佳森爸爸这一段话总结出了这次徒步旅行的最终意义，这也成为整个报告会上最启迪家长心灵的句子。这是一次难忘的家教经历，也是一次特别的家教案例，让我们从家长的言语中追寻家庭教育的真谛吧！

陪伴不仅仅是在一起

当时出于不想让孩子天天沉迷于游戏，要增强抗挫能力的目的，才决定两个人徒步旅行的。匆匆地去了，匆匆地回了，只是在"朋友圈"获得不少朋友的点赞，回家后，一切归于平淡。直到这次孩子的班主任李老师让我发几组旅行照片并写一点旅行的东西的时候，我才真正意识到，真的应该写点什么。于是，我回忆并沉思当时这样做发自内心的目的究竟是什么。

一年最热的天气里，我们傻乎乎地徒步旅行。本来想借这次机会，好好教育一下孩子要学会坚持和吃苦耐劳，甚至都想好了孩子退却时候的教育话语，结果这些话都没有机会说出口。

只要我们家长放手，孩子比我们想象的优秀。孩子的娇气和懒惰其实都是父母给的。在这次旅行中，我们每天早上5点多就要起床出发，最长的一次下午2点才找到吃饭的地方。但是孩子都坚持了下来，早上一叫醒就迅速起床，迷迷糊糊地背起背包就出发，这在家里是做不到的。如果有共同点，孩子们是很愿意和家长交流的，这种交流来自内心。如果家长在说，孩子在听、在点头这也许只是教育，交流应该是两个人的事情。这次也是我人生第一次走这么远的行程，对于我来说同样陌生。所以，一路上，我已经没有了家长的风采，只是一个和孩子相依相伴的大人而已，这四天的聊天要比平时一年聊的都要多。我们共同商量着怎么休息、怎么吃饭、怎么住宿。

孩子的成长需要家长陪伴，但陪伴不仅仅是在一起，而是一起去做。我一直记得，孩子成长的年纪需要父母的陪伴，也一直这样去做，只要有时间就陪他玩一会儿，或看电视、或看电影、或外出旅行。每一次完成的时候，总是问问他，感觉怎么样？而他总是面无表情地说“还行”。这两个字曾经让我有发脾气的冲动。这次旅行回来，我也没有问孩子感觉怎么样？有一天当我开车载着他回老家的时候，他突然指着一条路说：“爸爸，这是我们走的那条路。”看孩子神情兴奋，那一刻，我自己特别感动。我知道，以后的日子里，他的回忆里总算真正有我的影子了！“那一年，我和我爸爸怎么样怎么样……”

家长的陪伴不是在一起的说教，应该是一起去做、一起去经历……谢谢孩子的陪伴，让我又多了一份美好的回忆。

郑佳森爸爸

教育手记

家校合育课程关于陪伴的话题交流之后，郑佳森家长用实际行动践行了陪伴的含义。那个暑假会成为他们父子俩难忘的记忆，那场徒步旅行给全体家长上了生动的一课。在孩子童年的生活中，你的一次自我挑战，你的一次榜样示范，给予孩子的力量将会成为孩子受益终生的精神源泉。

牵挂，就是一种责任与担当

开学前教师提前一周到校，进行开学前的准备工作。部分老师在“朋友圈”中晒出了班级中枯死的绿植，顺便配发了一段有感而发的文字。我想，其实这无须感叹，因为两个月不浇水的绿植枯死纯属自然现象，即使是仙人掌也难逃噩运。相比较而言，我们班却是另一种景象，班级里的12盆绿萝长得葱葱茏茏，枝蔓逸出，长度又增加了不少。其原因很简单，就是假期它们没有被抛弃，没有“口渴”。

假期我没间断来校值班或加班，每次来校第一件事就是到班里为这些绿植浇水，它们是我的一份牵挂，它们不能枯萎，因为有了这些绿植班级才会有生机，才能为同学们营造一种温馨的学习环境。我来给它们浇水的时候，发现浇水工具摆放的位置经常会发生变化，于是我想到了牵挂这些绿植的不仅有我，一定还有其他人。究竟是谁还会在假期里牵挂着它们，我不得而知，但我知道它们没有在假期被人遗忘，依然受到照顾，它们一定是幸福的。葱绿的嫩叶不断地从中冒出来，带来新的生命气息。暑假我没有安排任何人来照顾绿萝，这位假期依然牵挂绿萝的同学的这种自发行为分明就是一份责任与担当。开学之后，我寻到了假期不间断给绿萝浇水的同学，他就是王博成，是他呵护它们成长的。用他自己的话来说，假期来给它们浇水就是怕它们都枯死。责任与担当是中国学生核心素养中一份重要的素养，我想王博成同学对绿萝的照顾不仅是他对绿萝有了感情，更是他一份责任的表现，也是他担当素养的行为体现。学校是育人的地方，知识来源于课堂，而这样的素养却根植于班级生活。为此，班级才是教育的生发地。

班级是教育的生发地，家长则是教育最直接的榜样。在假期里我收到了冯广寒妈妈给我发来的微信：“李老师好，放假都一个月了，教室里的绿萝能不能浇水呀？如果没有浇水的，我抽空去教室浇一下，就是不知道能不能进去。”收到这样的信息我是感动的，感动的不仅是这位工作和家庭生活都繁忙的家长竟然还牵挂班级里的绿萝，更重要的是从她身上看到的担当精神和责任意识对孩子的影响及教育。我想她就是孩子身边最好的榜样，是孩子生活中最足的正能量。有这样的家长，还会有教育不好的孩子吗？

我一直信奉，学校和家庭是孩子成长的双翼，只有这两只翅膀同频共振，孩子才会飞翔在蔚蓝的天空中。

班级是教育的生发地，家庭才是孩子成长的沃土。那位惦记着假期给绿萝浇水的冯广寒妈妈印证了这样一个道理：家长变，孩子就会变。孩子从最初的胆怯到自信阳光，根源在于家长的改变。追问这位家长的变化，不难从下面这篇文章中寻觅到原因。

和孩子一起成长

“妈妈，妈妈，告诉你一个天大的好消息，今天我们班换了两位非常棒的老师，这两位老师讲课太棒了，大家都很喜欢，我上课也不走神了，能专心听讲了，如果你跟着上课也会喜欢的，这是我今年最开心的事情！”这是孩子开学第一天下课后跑回家迫不及待告诉我的第一件事情，看到孩子满脸的笑容，我猜想两位新换的老师肯定非常优秀，第一次上课就能让孩子们深深地喜欢上他们的课，让孩子们有种如获至宝的喜悦。

接下来这一个月的学习时间，不仅孩子被老师的教学方式改变了，我们作为家长也被老师改变了。首先作为家长我要检讨自己，向孩子说一声“对不起，妈妈错了”。“自己对孩子的陪伴太少，关心太少，从来不给孩子检查作业，家长会一次没有参加过。”这是一位母亲应该做的吗？最近关于这些问题我一直在自我反省、纠正、改进。是李老师的家长会、班级群内的评语、教育报道、班级活动等，唤醒了一位对孩子学习漠不关心的母亲。我找到了与孩子关系越来越远的原因，找到了孩子从小学三年级成绩逐渐下滑的原因，找到了孩子迷恋网络游戏的原因。那是因为他的成长中缺少家长的陪伴与关心！在家中没有陪他学习及玩耍的同伴，妈妈只关心每次考试成绩是多少，但是忽略了孩子平日的付出与表现。工作忙不是理由，孩子的成长只有一次，如果错过了就无法弥补与挽回。李老师用实际行动教育了我。为了孩子们，他利用晚上的时间开家长会到深夜，将近11点才回到家，和班中44位家长进行一对一的沟通，了解每一位孩子的情况，根据孩子的不同情况采取有效的教育措施。他放弃周末休息时间组织孩子们去亲近大自然、感受大自然的美，通过实践提升对孩子们的人文素质教育。一名老师都能为孩子们的成长付出这么多，我们作为家长更应该努力去做好家庭第一任老师的角色。

孩子的学习状态更是发生了翻天覆地的变化。首先变的是自己主动去完成作业。孩子每天下午放学后参加一个半小时的足球训练，吃完晚饭大约就七点半了，以前足球训练累了就偷懒不做作业了，现在就是再晚再累也要把作业做完才肯去睡。其次是自己制订每天的背古诗计划，自己背过以后拿着诗签找我给他检查背诵情况。看着自己背诵的古诗越来越多，他背诵的兴致与信心也越来越高。再次是愿意把在课堂上发生的事情讲给我听。比如："我们李老师课上回答问题的机会都是自己抢来的，不抢是没有机会的！李老师上课要求我们结合课文内容自己画相应的图画，来检查我们对课文内容的理解是否正确。"孩子不仅在心理上有很大的改变，在行动与语言上也有很大的改变。孩子现在变得愿意主动与我沟通交流学习中发生的事情，这也是孩子进步的一种表现。原来生活中良好的沟通与交流是多么简单又重要的一种传递思想的方式。

我会继续坚持，相信有李老师的教导与监督，我和孩子会改进得越来越好。

冯广寒妈妈

2017年10月8日

教育手记

习总书记有过对家庭、家风的论述，也提出了“扣好人生第一粒扣子”的论断。正因为家长的那份责任与担当之心，才有了后来孩子成为“雷锋”为他人服务的行为。实践告诉我们，家长就是孩子生命的领航人。

后 记

教师被称为“摆渡人”，负责把一批一批的孩子们从无知的孩童此岸送到天真烂漫的少年彼岸。此书随性地记录了摆渡途中的故事，只是为了留住过往的记忆，留住那些美好而又快乐的幸福童年。

小学时代是孩子们童真烂漫的时刻，过而不往，如何封存那些美好的记忆，保鲜那些成长中的故事？唯有用文字记录。为了不让记忆流失，我把他们的故事原汁原味地进行了叙写和封存。当他们成长为新时代的青年再寻觅过往时，阅读这些文字就会打开他们尘封记忆的匣子，童年会依然鲜亮。用文字留住美好的童年，于孩子们而言，我想会是一份醉人的陈香。

摆渡中送走了一批又一批的学生，摆渡人风雨中青丝变白发。我们的青春化作知识、化作素养融入孩子们的血液，被带离了那块叫作讲台的三尺地方。时过境迁，当我们耄耋之年再追寻青春岁月阅读这些文字时，将会重现激情燃烧的岁月，青春便会从记忆中流淌出来。用文字记录自己的青春，我想会让自己的心灵得到释然和绽放。

叙写不仅是记录，还是反思、成长，更是教育智慧的凝练。小学班主任工作共同的属性就是忙乱、繁重，然而当我们静心思考时，却发现这是陪伴孩子们共同经历生命成长的旅程，这是用心灵浇灌心灵、用生命滋养生命的过程。为了让教育的正能量氤氲在我们的心灵深处，王海荣老师对有关班主任与班级管理相关篇章与教育手记进行了叙写，我对其他文章进行了叙写，共同完成了这样一本记录师生生命共同成长的历程之作。我们用文字传递教育的正能量，希望年轻的同仁们阅读这些文字时能从中受到一点启发，共同走上种桃、种李、种春风的道路，实现共同的教育梦想。

感谢过往的教育岁月，让我拥有了教育情怀；感谢一批批的孩子们，丰腴了我的教育生活；感谢出版社和编辑的辛苦付出，让我们的青春化成了永恒的记忆，让孩子们的童年化成了永恒的记忆！

李玉玺

2020年6月